文明互鑒叢書

楊明照先生捐贈古籍圖録

Catalog of Ancient Books
Donated by Yang Mingzhao

曹順慶　羅鷺◎主編

創于1897
商務印書館
The Commercial Press

圖書在版編目（CIP）數據

楊明照先生捐贈古籍圖録 / 曹順慶，羅鷺主編．—
北京：商務印書館，2023
ISBN 978-7-100-23105-3

Ⅰ．①楊… Ⅱ．①曹… ②羅… Ⅲ．①古籍－圖書館
目録－中國 Ⅳ．① Z838

中國國家版本館 CIP 數據核字（2023）第 188162 號

文明互鑒叢書
楊明照先生捐贈古籍圖録
曹順慶 羅鷺 主編

商 務 印 書 館 出 版
（北京王府井大街 36 號　郵政編碼 100710）
商 務 印 書 館 發 行
藝堂印刷（天津）有限公司印刷
ISBN　978-7-100-23105-3

2023 年 12 月第 1 版　　　開本 880×1230　1/16
2023 年 12 月第 1 次印刷　　印張 15¼
定價：110.00 元

楊明照（1909—2003）

前　言

　　作爲海内外知名的學術大家，楊明照先生的藏書非常豐富。除大量新舊平裝書外，還擁有 6000 餘册古籍綫裝書。2003 年楊先生仙逝後，楊先生弟子、時任四川大學文學與新聞學院院長的曹順慶教授代表學院安排陳應鸞教授對這批藏書進行清理登記工作。陳教授花費了近一年的功夫，按照楊先生原有的櫃架順序，依次做了書目和版本的記録。2005 年，經楊先生家屬同意，四川大學文學與新聞學院圖書資料室從學校分配給楊先生居住的專家樓取走一部分古籍綫裝書。這些書當時没有專門造册登記，而是在陳應鸞教授初編原始目録上打鈎或用三角形標識。正是依據這份原始目録，我們得以在 16 年之後，證實這批書的來源，它們均在陳教授的登記册上，主要是原藏第一、二、十三櫃中的珍貴古籍，包括《文心雕龍》的大部分版本。根據目前的整理，這批書總計 1419 册，已重新登記完畢，陳應鸞教授功不可没！2018 年 5 月，遵照楊先生遺願，楊先生家屬將楊先生卧室藏書 4 櫃（架）完整地捐贈給楊先生的母校——重慶大足中學，對照原始目録，大致包括原第六、七、八、九、十櫃（號）藏書。根據目前的估測，這批書總計 2172 册，主體部分是民國時期的《四部叢刊》綫裝本 1510 册，也有少量古籍。此外，專家樓還剩餘一部分綫裝書，擬捐贈給四川大學校史館。

　　隨着藏書整理工作的深入，尤其是逐一核對原始目録，我們發現很多綫裝書都殘缺不全，分散在不同的地方，有的在學院資料室，有的在專家樓，有的已捐給大足中學。尤其是專家樓剩餘的《四部叢刊》約 800 册，理應與大足中學收藏的 1510 册合璧。於是我們又提議重新調整楊先生所藏古籍綫裝書的歸屬，大致方案是我院接收所有的古籍，大足中學獲得所有的《四部叢刊》，剩下的民國綫裝書和校史資料則大部分捐贈給校史館。這一方案得到了楊先生的家屬代表楊珣女士、王恩平先生和學院、校史館、大足中學領導們的大力支持。經過反復磋商，終於圓滿地解決了所有歷史遺留問題。2021 年 5 月 14 日，我院派人到專家樓打包裝箱，將《四部叢刊》793 册、民國綫裝書 3 册郵寄給大足中學；5 月 18 日，我院又派專人到大足中學，將我院需要的古籍綫裝書 397 册和校史館所需的民國綫裝書77冊打包裝箱，寄回學院；7月21日，我們又將專家樓新發現的《四部叢刊》11冊補寄給大足中學。與此同時，5月27日，楊先生家屬也將專家樓剩餘綫裝書中的古籍和較有學術價值的民國綫裝書，合計635冊，連同原來放置在客廳的五個書柜、四扇掛屏等文物，一并捐贈給我院。至此，楊先生珍藏的古籍就近乎完整地保存在我院。我院專門成立了"楊明照古籍特藏室"，并於2022年3月18日舉辦了正式的捐贈與揭牌儀式。

據初步統計，楊先生捐贈給我院的古籍綫裝書總計304部2451冊，包括善本古籍36部177冊、普通古籍146部1476冊、民國綫裝書117部787冊、新中國綫裝書5部11冊。其中最具特色的收藏是《文心雕龍》的各種版本多達26部59冊，包括明刻本6部11冊、清刻本11部28冊等。很多書上都留下了楊先生手寫的批校題跋，彌足珍貴，從中可以窺探楊先生研治《文心雕龍》的學術歷程，學習楊先生勤奮刻苦、學而不已的治學精神。這無疑是一筆巨大的物質財富和精神遺産，必將爲我院的教學科研、人才培養、學科發展等提供極大的助力。楊先生家屬化私爲公、捐贈藏書的義舉，同樣功德無量，值得我院師生及後人永遠銘記！

目前，國家非常重視古籍保護工作，正在大力進行古籍普查，楊先生捐贈的這批古籍，是尚未普查登記的珍藏，理應盡快參與這項工作，發揮其更大的價值。有鑒於此，爲使海內外學界更多地了解、更好地利用和研究楊先生珍藏的古籍，我們決定編纂這部捐贈圖録。本書主要由羅鷺教授完成，特此説明。在整理編目過程中，四川大學文學與新聞學院2018級碩士研究生易斌、李超、嚴圓夢、李默涵、王宣懿、唐靜、楊美寧、丁夢等同學，2019級碩士研究生焦玉薈、李奕青、崔艷姿、張啟迪等同學，參與了最初的清點編目工作；2020級碩士研究生譚惠靜同學參與了藏書的整理和圖録的編纂工作，用力甚勤，貢獻尤多；其他參與藏書整理上架的同學還有很多，不一一具名，在此一并致謝！

爲弘揚中華優秀文化，展開文明互鑒，四川大學"創新2035"先導計劃"文明互鑒與全球治理"首席專家曹順慶教授建議將此書作爲四川大學2035先導計劃《文明互鑒叢書》之一部，由商務印書館正式出版。由於我們學識淺陋，書中的不足之處，尚請讀者和專家批評指正！

編　者

2022年8月5日

目　録

楊明照先生批校本

<h2 style="text-align:center">卷二　經部</h2>

總類

書類

詩類

禮類

春秋類

卷三　史部

正史（紀傳）類

卷四　子部

總類

儒家類

法家類

術數類

雜家類

雜學雜說之屬

雜考之屬

雜記之屬

類書類

道家類

先秦之屬

道教之屬

卷五　集部

楚辭類

別集類

漢魏六朝別集之屬

唐別集之屬

總集類

卷六　叢書

楊明照先生捐贈古籍的概況與特色

譚惠靜

　　楊明照（1909.12.5—2003.12.6），號弢甫，四川省大足縣（今重慶市大足縣）人，著名文獻學家，四川大學終身教授，一生從事古籍校注與考證工作，以治學嚴謹精深著稱。楊明照先生畢生專精於《文心雕龍》《抱朴子》《劉子》等幾部古籍的研究，發表學術論文數十篇，出版了《文心雕龍校注》《文心雕龍校注拾遺》《增訂文心雕龍校注》《抱朴子外篇校箋》《劉子校注》《學不已齋雜著》等多部著作，取得了極高的學術成就。這些成就中又以《文心雕龍》校注爲最高。其積數十年之功校注《文心雕龍》，解決了不少千古疑難，并匡正了許多前人謬誤，使《文心雕龍》的研究達到了一個新的高峰，因而被譽爲“龍學泰斗”。作爲教師，楊明照先生在教學上也成績斐然。自 1939 年起，楊先生先後執教於燕京大學、北平中國大學、成都燕京大學和四川大學，1979 年出任四川大學中文系主任，1981 年成爲“中國文學批評史”首批博士生導師，直到 1996 年停止招收研究生，培養了一大批優秀學者和各行各業的杰出人才。

　　楊明照先生在學術研究和人才培養上的成就是大家所熟知的，但很少有人知道楊先生在藏書上也卓有成就。事實上學術研究和藏書活動之間的關係向來十分密切，學者們因其從事學術研究，往往愛惜書籍、廣泛閱讀，并圍繞學術興趣大量收集資料以支撐自己的研究，故多有豐富的藏書。楊明照先生也正是這樣一位富有藏書的學者，藏書總計近萬册，除新舊平裝書外，還有數千册古籍綫裝書，規模以私人收藏來説是極爲可觀的。楊明照先生生前，除《文心雕龍》各種版本外，其他藏書情況并未向外界披露過，因此沒有受到過特別的關注。在他去世後很長的一段時間裏，藏書的保存狀況較爲分散，了解的人也不多。直到近年，在四川大學文學與新聞學院和楊明照先生家屬等各方的共同努力下，楊先生收藏的古籍綫裝書得到了重新整理和妥善保管，這才使我們能够一窺其整體面貌，并發掘其中的價值。筆者有幸參與了楊先生藏古籍綫裝書的捐贈和整理過程，并以《楊明照藏古籍綫裝書研究》爲題撰寫碩士論文，故在此擇要介紹楊明照先生藏古籍綫裝書的概况和特色。

一、楊明照先生捐贈古籍的概况與來源

從 2021 年 1 月至 2022 年 3 月，經過一年多的整理，尤其是以編纂《楊明照先生藏古籍綫裝書捐贈目録》和《楊明照先生捐贈古籍圖録》爲契機，我們大致弄清了現藏於四川大學文學與新聞學院的楊明照先生捐贈古籍的基本面貌：這批古籍綫裝書總計 304 部 2451 册，其中古籍 182 部 1653 册（善本 36 部 177 册、普通古籍 146 部 1476 册），民國綫裝書 117 部 787 册，新中國綫裝書 5 部 11 册（另附舊平裝書等 7 部 13 册）。善本中有明刻本 7 部 21 册、康熙刻本 3 部 33 册、乾隆刻本 16 部 81 册、清木活字四色套印本 1 部 4 册、清朱墨套印本 4 部 25 册、朱印本 1 部 4 册等。

從内容上看，楊明照先生捐贈的 182 部古籍包括經部 41 部、史部 32 部、子部 45 部、集部 45 部、叢書 19 部。其中有兩個較爲顯著的特點。一是楊明照先生重點研究的古籍版本非常多，如子部的《抱朴子》7 部，集部的《文心雕龍》17 部、《文選》10 部，可見在異本收集上費的心力頗多。二是各部古籍在具體種類上也有較明顯的側重，如經部中小學類占多數，共有 19 部；史部目録類占比最大，共 12 部；子部中多雜家類和類書類，分别爲 17 部和 7 部。搜集不同版本，分析源流、比較優劣，確定底本和校本，此爲校勘工作最基礎的要求。查閲目録書則爲收集、明確版本的前提之一。小學類書爲排除語言文字疑難的重要參考，類書則能分門别類保存大量較爲可靠的前代資料，二者對校勘、注釋和考證三項工作都有重要作用。雜家類多爲前人的綜合性學術成果，更是從事古籍研究所必不可少的助力。由此可見，楊明照的學術研究興趣較大地影響了他在古籍收藏上的偏好，這也進一步體現了其藏書學術性較强的整體特點。

在整理過程中，我們也大致梳理了楊明照先生藏古籍綫裝書的來源。目前可以確定的主要來源有自己購買和親友饋贈兩個途徑。

楊明照先生在資料保存上非常細心，一些書的購買發票和價格標簽仍然完好

地夾在書中，爲我們提供了調查藏書來源的重要綫索。通過細緻全面的翻檢，我們一共收集到了 14 張發票和價簽，這些發票價簽清晰地記録了 16 部古籍的購買時間、地點、價格、册數等信息。[①] 其中大部分購於 20 世紀 50 年代成都的各家古舊書店，這些古舊書店大多位於西玉龍街、玉帶橋街、祠堂街等成都歷史悠久的著名古舊書業中心。古籍的標價以新幣爲主，兼用舊幣，一部書的價格按新幣爲幾角到幾十元不等。如清光緒元年至三年（1875—1877）湖北崇文書局彙刻書本《楚辭辯證》1 册，1959 年 3 月 5 日購於成都市西城區古舊書店（集古門市部西玉龍街 126 號），價格爲新幣叁角；清嘉慶十八年（1813）刻本《毛詩稽古編》8 册，1957 年 5 月 21 日購於祠堂街的公私合營成都古籍書店，價格爲新幣肆元捌角。發票和價簽數量雖不多，但結合家人回憶"在新中國成立前，凡有點剩餘，老人都是會去買書的"[②]，我們有理由認爲楊明照先生的古籍綫裝書大部分來源於購買。從這些發票價簽中亦可瞥見當時成都古舊書籍的流通情況以及成都文人學者們與當地古舊書市的關係。

其次是親友贈送，這從部分書籍上的題跋、印章等信息可以看出藏書來源。楊明照先生收藏的大部分古籍上都有鈐印，少部分有題跋或批校，這些藏書痕迹能够向我們提示書籍曾經的歸屬，而其中部分印記來自楊先生的親友，尤以楊先生岳父、現代著名藏書家徐行可先生的爲多。

徐恕（1890—1959），字行可，號彊諺，以字行，湖北大藏書家。徐行可一生致力於藏書、讀書，曾向湖北省圖書館與省博物館捐獻古籍近 10 萬册，文物 7000 多件，爲湖北省古籍文物保護做出了卓越貢獻。徐行可和黄侃、向宗魯、楊樹達、張舜徽等同時代的著名文人學者交往十分密切，他的長女徐孝婉嫁給了余嘉錫之子余遜，五女徐孝嫈則嫁給了楊明照。

在現存的楊先生藏書中，我們共發現 13 部古籍鈐有"江夏徐氏藏本""桐風高""曾歸徐氏彊諺""徐弨諺藏閲書"等徐行可的藏書印或有他的題跋，分别是：明天啟二年（1622）梅慶生第六次校刻古吳陳長卿印本《楊升庵先生批點文心雕龍》十卷、清覆刻乾隆六年（1741）養素堂刻《文心雕龍輯注》十卷、清乾隆十年（1745）眷西堂刻《潛邱劄記》六卷《左汾近稿》一卷、清乾隆三十三年（1768）希音堂刻《唐陸宣公翰苑集》二十四卷、清道光十三年（1833）兩廣

---

① 其中兩張發票各自記録了兩部古籍的購買信息。
② 楊珣、王恩平編：《弢翁外傳》，成都：四川大學出版社，2016 年 9 月第 1 版，第 66 頁。

節署刻芸香堂承刊朱墨套印本《文心雕龍》十卷、清道光二十五年（1845）揚州阮氏掌經室刻《文選樓叢書》本《曾子注釋》四卷《敘録》一卷、清光緒元年（1875）湖北崇文書局刻《史鑑節要便讀》六卷、清光緒十三年（1887）吳縣朱氏行素草堂校刻《槐廬叢書》本《遜志堂雜鈔》十卷、清光緒順德龍氏刻《知服齋叢書》本《逸周書》十卷、清光緒二十六年（1900）長沙王先謙虛受堂刻《漢書補注》一百卷首一卷、清刻本《書經》四卷、清末民初傳鈔道光七年（1827）南海曾釗稿本《春秋一百二十四國》一卷、清末民初武昌徐行可知論物齋鈔本《讀左瓆録》一卷。其中 7 部爲善本。此外徐行可還贈送了楊明照少量民國綫裝書和舊平裝書。如民國二十四年（1935）鉛印本《列女傳校注》封面上題有"明照大兄，徐恕敬上"的字樣；民國二十七年（1938）武漢印書館鉛印本《太炎文録續編》封面上則有"明照大兄文房，恕奉寄"的題識。由此可見翁婿二人之間關係十分融洽，亦可想見徐行可先生當年對女婿楊明照的愛護和對其學術研究的支持。

此外的贈書則多來自於友人，主要爲友人們各自的著作，以民國綫裝書爲主。如徐震撰《韓集銓定》一卷（民國二十三年刻本）和《大學通釋》二卷（民國二十五年刻本）、張爾田評《汪悔翁乙丙日記糾謬》一卷（民國三十年鉛印本）、余嘉錫撰《楊家將故事考信録》（輔仁大學《輔仁學志》1945 年第 13 卷第 1、2 期合刊，平裝）等，書上皆有作者的贈書題識、印章等。這部分贈書體現了楊明照與同爲學者的友人們之間的學術交流關係。

二、以讀書治學爲中心的三大特藏

楊明照先生畢生致力於《文心雕龍》《抱朴子》等基本典籍的校注整理，勤學不輟，晚年又欲從事《文選》研究，因此，在楊先生捐贈給我院的古籍綫裝書中，這三大特藏占了相當大的比重，是楊明照先生藏書的學術特色的集中體現，從中既可見楊明照先生廣求異本的用心，又能反映其校勘的歷程。

（一）《文心雕龍》特藏

《文心雕龍》是楊明照研究時間最長、學術成就最大的古籍，終其一生，他都在不斷精益求精，爲其校注成果添磚加瓦。由於長期從事校注，楊明照深知版本對校勘的重要性，因此在《文心雕龍》版本的收集和研究上用功很深。其《文心雕龍版本經眼録》一文 [①]，對曾寓目的 80 餘種《文心雕龍》版本的特徵和源流關係有非常詳細的論述，是目前已知對《文心雕龍》版本最爲全面深入的研究。文中有許多版本都標注是楊明照的個人收藏，也就是現在我們所能看到的"《文心雕龍》特藏"的主體部分。"《文心雕龍》特藏"共有不同版本的《文心雕龍》26 部 59 册，其中善本古籍 12 部 27 册，普通古籍 5 部 12 册，民國綫裝書 8 部 19 册，新中國綫裝書 1 部 1 册，附舊平裝書 3 部 3 册。《文心雕龍》一書的版本能達到如此數量，且善本占比之高，以一位學者的私人收藏來説實屬難得，楊明照在收集《文心雕龍》上花費的心力可見一斑。下面主要介紹楊明照藏《文心雕龍》中的善本和批校本。

在校勘學上，善本中的古本、舊本因其通常更接近原書面貌而被看作是校勘最重要的材料依據之一，故凡校勘學者無不重視收集善本。楊明照藏《文心雕龍》亦體現了這一點，12 部善本中有明刻本 6 部、清乾隆年間刻本 4 部、清末朱墨套印本 2 部。其中年代最久、兼具極高校勘價值和文物價值的當屬 6 部明版。

首先是三種叢書本。明萬曆二十年（1592）何允中輯《廣漢魏叢書》本《文心雕龍》十卷，共 1 册。這是楊明照藏《文心雕龍》版本中年代最早的一部。此本的版式爲半葉九行二十字，白口，左右雙邊，白魚尾。書首有佘誨序（"佘"字誤爲"余"字），序言右下角鈐有"鴻寶秘極"印記，卷端題名處有"張遂辰閲"字樣。明天啓、崇禎年間刻《鍾伯敬評秘書十八種》本《文心雕龍》十卷，共 1 册。此本書首爲曹學佺序，書眉印鍾惺評語，半葉九行二十五字，白口，四周單邊，鈐有"郡臣""文士宛印"兩種印記。目録葉有楊明照對照明黄澍、葉紹泰評選《漢魏別解》本《文心雕龍》所寫的墨筆批語，記録了《漢魏別解》本的版式、行款、評語等信息。正文首葉"原道第一"下有"此刻出萬曆梅本"的朱筆批語，解釋了鍾惺評本的版本源流。明崇禎七年（1634）陳仁錫《奇賞齋古文彙編》本《文心雕龍》二卷，共 1 册。書首有佘誨序。目録首葉題"奇賞齋古文彙編目録卷之一百二十五，劉子文心雕龍"。正文半葉十行二十字，白口，四周單邊，單黑魚尾，版心上方爲"奇賞彙編"四字，下方有"選子"二字。卷端"劉子文心雕龍"下有楊明照朱筆批語："此刻出梅本。"書内有朱筆圈點。

其次是三種梅慶生音注本。明萬曆間刻本《楊升庵先生批點文心雕龍》十

---

① 楊明照:《文心雕龍版本經眼録》，載氏著《楊明照論文心雕龍》，上海：上海科學技術文獻出版社，2008 年 1 月第 1 版，第 189—221 頁。

卷，共 2 册，版式爲半葉九行十八字，白口，四周單邊，單黑魚尾。鈐"濟寧王伯子謝家舊燕堂藏書"印記。另外兩種梅本爲梅慶生天啟二年（1622）第六次校刻系統的版本。明天啟二年（1622）梅慶生第六次校刻古吳陳長卿印本《楊升庵先生批點文心雕龍》十卷，2 册，書首有"古吳陳長卿梓"牌記，半葉九行十八字，白口，左右雙邊，單黑魚尾。此本爲徐行可舊藏，鈐"江夏徐氏藏本""桐風高藏""一門深掩得閑權""彊誃""徐恕"印記。明天啟二年梅慶生第六次校刻金陵聚錦堂印本 4 册，有"金陵聚錦堂梓"牌記，版式爲半葉九行十八字，白口，左右雙邊，單黑魚尾，鈐"南宫葆真堂陳氏珍藏書畫印"印記。

從上述 6 部明版我們可以見到明後期《文心雕龍》大致的版本流傳情況和各個版本之間的關係。三種叢書本中，除《廣漢魏叢書》本年代早於梅慶生音注本外，其他兩種楊明照批語都認爲出自梅本。可見梅慶生音注本一經刊刻，即因其綜合前人的校勘成果，校注水平較高而受到歡迎，成爲當時《文心雕龍》版本中的主流，并直接影響清代人刊刻《文心雕龍》時底本的選擇。由於梅本在《文心雕龍》版本中承上啟下的地位，加上梅本系統本身内在關係複雜、版本數量衆多，研究《文心雕龍》版本就必然要重視梅本系統。

楊明照在《文心雕龍版本經眼録》一文中對梅慶生音注本系統的各個版本有非常詳細的辨析。文中，楊明照將自己所藏的萬曆刻本定爲萬曆三十七年（1609）梅慶生音注本原刻本[1]，并有"此本初印者頗佳，當時既有善本之譽"[2]的評價。而關於兩部天啟梅本，楊明照認爲金陵聚錦堂本當是天啟二年梅氏第六次校定本，古吳陳長卿本則爲該本的覆刻本。[3]他將金陵聚錦堂本與萬曆梅本對比後，發現天啟二年六次校定本雖歷經校改，却反而多有錯訛，可見校書之難，即使是同一人校刻之書差别也甚爲巨大。而正是憑藉廣泛收集版本，辨析其源流，楊明照才能判斷不同版本在文字上的優劣，爲他的校勘工作打下基礎。

在楊先生藏書中，有批校的《文心雕龍》共有 16 部，其中 15 部爲楊明照批校本，1 部爲佚名過録黄丕烈、顧廣圻批校本。26 部《文心雕龍》中楊明照批校的本子超過一半，底本從平裝書到古籍善本都有，足見其在校勘上用力之勤。楊

---

① 郭立暄認爲楊明照藏本應爲梅慶生萬曆三十七年（1609）初校本之翻刻本，詳見郭立暄《再論梅慶生音注〈文心雕龍〉的不同版本》，載《圖書館雜志》2009 年第 4 期，第 71—75 頁。我們參考郭立暄的觀點，將此本定爲明萬曆間刻本。

② 楊明照:《文心雕龍版本經眼録》，載氏著《楊明照論文心雕龍》，上海：上海科學技術文獻出版社，2008 年 1 月第 1 版，第 201 頁。

③ 郭立暄《再論梅慶生音注〈文心雕龍〉的不同版本》認爲古吳陳長卿本應爲天啟二年六次校定本的重修本，而金陵聚錦堂本爲古吳陳長卿本的後印本。

明照批校本中批校手迹較爲豐富的有以下 3 部。

第一部批校本的底本是清乾隆六年（1741）養素堂刻本《文心雕龍輯注》十卷。此本版式爲半葉九行十九字，白口，左右雙邊，單黑魚尾。此爲楊明照批校本中使用參校本最多的一部，楊明照用兩種佘誨本、明萬曆張之象本、明鍾惺合刻五家本、四庫全書本、兩京遺編本共六種《文心雕龍》進行了校勘，并在正文首葉記錄每一種校本的款式。校勘體例方面，兩京遺編本的校語爲朱筆在正文文字旁標出校字，其餘校本的校語用墨筆并注明爲何本。張之象本（也稱萬曆本）、佘誨本、四庫全書本的校語記在天頭，另一佘誨本則記在地脚，以示區分。校勘手迹整體清晰而有序。

第二部底本是清覆刻養素堂本《文心雕龍輯注》，版式行款與上本相同。此本在楊明照之前曾先後經張采田（張爾田舊名）、徐行可收藏。此本《南史》本傳首葉與卷端鈐有張氏"孟劬藏書"印記，本傳末葉有張采田題跋，正文書眉上有張采田以胡孝轅本《文心雕龍》批校的毛筆大字校語。徐行可則在此本中留有手跋一則，其中有"采田爲孟劬先生初名""甲午中秋節，客都門，見此文，移書於張氏手校《文心》卷目前葉"等內容，可知徐行可收藏此本在張采田之後。落款爲"武昌徐恕識，時年六十有五"，表明此題跋寫於 1955 年。楊明照的校語爲藍色鋼筆小字，校本爲明凌雲五色套印本，元校姓氏書眉處記凌雲本"文心雕龍校讎姓氏"，卷端標注了凌雲本款式，并記錄"假四川省圖書館藏凌雲本校，六四年四月五日"的信息。校字記在正文文字旁。此本的可貴之處在於收藏軌迹非常清楚，并且保留了三位著名學者的親筆校勘和題跋，具有重要的學術價值。

第三部底本爲清乾隆五十六年（1791）王謨刻《增訂漢魏叢書》本，版式爲半葉九行二十字，白口，左右雙邊，白魚尾。此本彙集了楊明照去各大圖書館借閱其他版本《文心雕龍》時詳細記錄的版本信息和校語，非常具有代表性。據批校本上的信息，楊明照在 1963 年到 1964 年的兩年中，分別借閱了北大圖書館藏清謹軒藍格鈔本、瀋陽故宮藏文溯閣四庫全書本、四川省圖書館藏鄭珍舊鈔本來進行校勘。在此本的序文末葉、目錄前後等空白處，楊明照詳細地描述了所借校本的版本特徵、印章、款式等信息，并記錄了一些自己校勘後形成的觀點。如校完鄭珍鈔本後寫的識語中，楊明照以爲"此本出於王謨漢魏叢書本"。校勘體例方面，校鄭珍鈔本用藍字，記在欄內；欄內朱字爲校文溯閣本，天頭朱字爲校清謹軒鈔本。

另外，佚名過録黄丕烈、顧廣圻合校本也是極有特色的一個批校本。此本的底本爲清翰墨園覆刻道光十三年（1833）兩廣節署朱墨套印本，共 4 册，版式爲半葉十行二十一字，白口，左右雙邊，單黑魚尾。此本用朱筆和墨筆分别過録了黄丕烈、顧廣圻用元至正刻本、明弘治活字本①、明汪一元刻本、明馮舒校謝恒鈔本四個校本校勘的校語以及黄、顧二人的跋語若干，既保存了珍貴舊本的面貌，又能使後人一見黄顧兩位大家的學術風采。楊明照對此本的評價極高，認爲其所用校本在如今已不可得見，"有此傳校之本，亦仿佛廬山真面也"②，并在著作中多處用到其中顧廣圻和黄丕烈的校語，可見此本對其校勘的影響之大。

總的來説，從這些批校本可以看到楊明照校勘風格的嚴謹和校勘工作的勤勉。楊明照每校一本，先記款式等信息，有異文則出校，各本校語分别記録，一部批校本上使用到的校本雖多，但批校清晰有度、不相雜廁，可謂體例精嚴。其在搜集校本上也不遺餘力，除了自己盡力收藏版本，還不辭辛勞地到各地去借閲稀見版本來校勘。據家人回憶，楊明照在新中國成立前後和"文革"前後的時間裏，足迹幾乎遍布全國，但凡有古籍藏書的大型圖書館，他都留下了身影。③ 批校本上留下的衆多藏在各地圖書館中的校本信息就是最好的證明。儘管自身年事漸高、各地交通不便，但楊明照爲求學術研究的精善始終堅持搜集校本，這樣專一執着、下"笨功夫"的精神是他能取得成就最重要的原因之一，也值得後世學人敬佩。

（二）《抱朴子》特藏

楊明照雖以校注《文心雕龍》聞名，但他在校注《抱朴子》上取得的成就也毫不遜色。楊明照從 20 世紀 40 年代初開始爲《抱朴子外篇》做校箋，從 1940 年開始收集資料，用兩年時間寫成《抱朴子外篇校箋》初稿。此後五十多年時時補訂，發表多篇論文，至 1991 年出版《抱朴子外篇校箋（上）》，1997 年出版《抱朴子外篇校箋（下）》。楊明照在《抱朴子》版本收集和校箋上所做的工作，很多就體現在其收藏的《抱朴子》之上。"《抱朴子》特藏"共有各種版本的《抱朴子》9 部 38 册，包括普通古籍 7 部 32 册、民國綫裝書 2 部 6 册。其中最有特色的是 4 部《平津館叢書》本《抱朴子》。

---

① 佚名過録黄、顧合校本中使用的"明弘治活字本"僅爲黄丕烈題跋所提及，其他書目未見著録，具體情況不詳，待考。

② 見《文心雕龍版本經眼録》第 219 頁。

③ 見《弢翁外傳》第 61 頁。

　　第一部是清嘉慶十八年至二十四年（1813—1819）孫星衍金陵道署、冶城山館刻《平津館叢書》本《抱朴子》，一共 8 册。《内篇》二十卷，書首有"癸酉年（1813）七月校刊於金陵道署"牌記；《外篇》五十卷，書首牌記爲"己卯年（1819）五月校刊於冶城山館"。版式均爲半葉十一行二十字，白口，左右雙邊，單黑魚尾，書上鈐有"昌平王氏北堂藏書"印記。此本爲孫星衍《平津館叢書》原刻本，刻印非常精良，楊明照《抱朴子外篇校箋》所用的底本即爲此本。

　　其餘三部均爲清光緒十一年（1885）朱氏槐廬家塾重刻《平津館叢書》本，版式與原刻一致，區别在於牌記背面和每卷卷末都有"光緒乙酉夏白堤八字橋朱氏槐廬家塾珍藏"標記。三部書雖爲同版，但在册數、印記、批校方面的情況有所不同，爲便於區分這三部《抱朴子》，下文用朱氏重刻本甲、乙、丙來稱呼。

　　朱氏重刻本甲（簡稱甲本）僅存《外篇》，共 2 册，鈐有"曾作循良采訪人""覃懷李氏吉珊過目""濟寧直隸州中學堂鈐記"印記。此本内有楊明照朱筆圈點，天頭有朱筆校字。書封背面粘貼有楊明照手寫的紅格稿紙一張，題爲"幾點説明"，當中介紹了自己在此本中使用的斷句符號和校勘符號，并説明已照孫氏原刻本對此朱氏重刻本進行了校改，希望出版社能够使用原來的符號，并按孫氏原刻本排版。從《説明》的内容看，甲本應爲楊明照交給出版社用於排版印刷的底本，朱筆校字則是用孫氏《平津館叢書》原刻本校，情況十分明確。朱氏重刻本乙（簡稱乙本），《内篇》《外篇》《附篇》俱全，共 6 册。通過比較字體和斷板處，可以確定乙本和甲本是同版印刷。乙本《内篇》有兩個半葉有朱筆圈點和校字，《外篇》部分篇目有朱筆圈點和批校，使用的校本版本未標注。朱氏重刻本丙（簡稱丙本），《内篇》完整，《外篇》缺第一至第三十七卷，一共 4 册，鈐有"校經山房督造書籍"印記。和甲本、乙本相比，丙本印刷效果相對差一些，斷板處更多，推測爲後印本。楊明照用紹興本、慎懋官刻本、四庫全書本等校本對丙本進行了校勘，留下了非常豐富的批校手迹。

　　據《抱朴子外篇校箋》前言，楊明照爲《抱朴子外篇》做校箋，總共收集了十一種版本并全部親手校過一遍，基本囊括了《抱朴子》所有重要版本，重要的學者批校本他也都親自過録，并注重參考前人的專著，半個世紀以來兢兢業業，最終造就了共計 81 萬字的巨著《抱朴子外篇校箋》。成果是大家有目共睹的，而其創造的過程則部分反映在了他收集并批校的這些《抱朴子》當中。另外可以看到，上述批校本的《内篇》也有大量批校，讓我們能一睹楊明照校勘《抱朴子内篇》的原始過程。與《抱朴子外篇》所取得的享譽學界的成就相比，楊明照在《内篇》上的校注工作并不十分出名，但他在其中投入的精力却不少。據家人對其在《抱朴子内篇》校勘工作的考證[1]，楊明照早在 1946 年便完成了對《内篇》的初步校勘，寫出了《抱朴子内篇舉正》的十萬字清稿，但他對此文并不滿意，故一直將其壓在箱底。直到 20 世紀 80 年代才又重拾《内篇》，接連發表了《王明抱朴子内篇校釋舉正》（《中華文史論叢》1982 年第 1 輯）、《王明抱朴子内篇校釋補正（上）》（《文史》1982 年第 16 輯）、《王明抱朴子内篇校釋補正（下）》（《文史》1982 年第 17 輯）三篇文章，對王明的一些觀點進行了商榷，也增加了許多新的校訂條目。可見楊明照有心完善對《内篇》的校勘，祇可惜時間未能待他完成。楊明照 1946 年的《抱朴子内篇舉正》手稿現已收入《余心有寄——楊明照先生未刊論著選編》，使人們能夠了解楊明照對於《内篇》校勘的早期思想。而如今，楊明照藏《抱朴子内篇》上的批校手迹提供了校勘過程的原始材料，有助於我們更加全面地了解楊明照對《抱朴子内篇》的校勘研究。

（三）《文選》特藏

與《文心雕龍》《抱朴子》乃至《劉子》不同，由於未有相關論著發表，楊明照對《文選》的研究可能并不爲人所知。而事實上，楊明照和《文選》結緣非常早，大學本科時期學習向宗魯開設的《昭明文選》課程，即讓楊明照對《文選》有了較大的興趣，并爲他研究《文選》打下了良好的基礎。後來楊明照在教學中也開設了《昭明文選》課程。楊明照在《我與〈文心雕龍〉》一文中提到自己 1946 年至 1960 年的主要精力就在校注《抱朴子》和《文選》上，他也曾提到自己晚年的工作計劃，將在完成《增訂劉子校注》後修訂《文選李注校理》舊稿。可見楊明照在《文選》上已經做了很多工作，可惜他的時間停在了撰寫《增訂劉子校注》的過程中，最終未能爲世間呈現出一部《文選》的校注成果，實乃學界之遺憾。楊明照有約作於 20 世紀 40 年代後期的《〈文選〉與總集》講義手稿一篇，收在《余心有寄——楊明照先生未刊論著選編》[2]之中。如今我們將楊明照收藏的各種《文選》版本收入"《文選》特藏"之中，以明其在《文選》校注上的成就。

---

[1] 楊珣、王恩平編：《余心有寄——楊明照先生未刊論著選編》，成都：四川大學出版社，2019 年 11 月第 1 版，第 155—158 頁。

[2] 見《余心有寄——楊明照先生未刊論著選編》第 267—313 頁。

"《文選》特藏"收各種版本的《文選》共計 14 部 169 冊，其中善本古籍 2 部 15 冊，普通古籍 8 部 115 冊，民國綫裝書 4 部 39 冊，附舊平裝書 1 部 1 冊。較有代表性的爲兩種善本。

第一部是清乾隆二十三年（1758）靜勝堂刻本《文選音義》八卷，共 4 冊。版式爲半葉八行十九字，白口，四周雙邊，無魚尾，正文第一葉版心有"靜勝堂"標記，後版心處皆爲"文選音義"字樣。鈐有"選學家孫""屏守齋所藏書"印記。這部《文選音義》爲余蕭客所作，卷首有沈德潛序，次爲余蕭客乾隆二十三年自序。余蕭客（1732—1778）爲清代學者，著作除《文選音義》外还有《古經解鉤沉》《文選雜題》等。此書以何焯評本爲底本，糾正前人得失，徵引廣博，此其可取之處，但也因此體例有失精嚴，疏漏之處較多。此本刊刻較早、傳世數量較少，本身也具有較高的版本學價值。

第二部是清末廣州翰墨園重刻海録軒朱墨套印本《昭明文選》六十卷，共 11 冊（不全）。此本版式爲半葉十二行二十五字，白口，左右雙邊，單黑魚尾，版心下方有"海録軒"標記。書上鈐有"羅翼""惇元鑒賞""曾經我閱"印記，封面有朱筆手書"蘊華羅翼"。正文和李善雙行小字注爲墨印，圈點與何焯評語爲朱印，色彩鮮明燦爛，雖爲清末刊刻，也可稱精善。

另有楊明照批校本一部，底本爲清同治八年（1869）崇文書局刻本《文選》六十卷《考異》十卷，共 30 冊。版式爲半葉十行十九字至二十二字不等，小字雙行二十一字至二十二字不等，白口，四周雙邊，單黑魚尾。此本的手迹集中在書眉處，以毛筆小字注釋爲主，欄內有少量用五臣注本、六臣注本校勘的校語。據家人回憶，楊明照曾有一部批注極多的《文選李注義疏》，但後來不知去向，剩下的衹有一本《文選李注校理輯證》手稿和《文選》六十卷《考異》十卷的批校本。在留存資料較少的情況下，這部保留了楊明照校注手迹的《文選》就更顯得無比珍貴。

三、珍貴的善本和批校題跋本

楊明照先生藏書以實用爲主，未見有珍貴的宋元版本，但藏書中除三大特藏之外的善本和批校題跋本，仍然有較高的文獻與文物價值。

（一）善本

除三大特藏中的善本外，楊先生捐贈的古籍中還有 22 部善本，包括明嘉靖刻本 1 部，清代乾隆六十年（1795）以前刻本 15 部，清末影宋刻本、木活字本、套印本等 6 部，每種版本都各具特色，十分珍貴。其中較有代表性的主要有明嘉靖六年至七年（1527—1528）胡纘宗、陸采刻《藝文類聚》一百卷、清康熙四十七年（1708）李光地刻《昌黎先生集考異》十卷、清乾隆元年（1795）刻《石經考異》二卷、清乾隆八年（1743）天都黄晟刻《隸辨》八卷、清乾隆十年（1745）眷西堂刻《尚書古文疏證》八卷附二卷、清乾隆十三年（1748）武英殿刻《欽定古香齋袖珍十種》本《古香齋鑒賞袖珍初學記》三十卷、清乾隆三十九年（1774）刻《玉臺新詠》十卷，等等。這裏我們選取《藝文類聚》和《古香齋鑒賞袖珍初學記》兩種來具體介紹。

明嘉靖六年至七年胡纘宗、陸采刻本《藝文類聚》一百卷是楊明照藏古籍中刊刻年代最早的一部，一共 10 册，保存完好，品相較佳，具有較高的文物價值。該書卷首爲胡纘宗“刻藝文類聚序”，序末有“門人王寵書”題識。胡纘宗是明正德、嘉靖年間的名臣，也是著名學者、詩人、書法家，著作有《鳥鼠山人集》《願學編》等。王寵亦是當時的書法名家，詩書畫皆精，尤善行草，與祝允明、文徵明并稱於世，被譽爲“吳門三家”。倪濤《六藝之一録·古今書論》載：“寵資雅訓，不以誦多自矜，遊於蔡羽所，而一時名士皆歸之。胡守纘宗尤相愛重，尚書顧璘極推服。”[1]可見兩人之間有深厚的師生情誼，故王寵以門人身份爲胡纘宗書寫序言。此書由名士胡纘宗刊刻、撰序，刻序亦保留了王寵婉麗疏闊的行書，十分可觀。書籍本身以白棉紙印刷，版式爲左右雙邊，白口，單黑魚尾，半葉十四行，行二十八字，版心下方記刻工，字體方板齊整，整體刻印精美，呈現出嘉靖刻本的典型特徵，在幾百年後的今天依然紙張光潔、墨迹清晰，燦爛若新。此書還經清初藏書家季振宜收藏，書上有季振宜的四方鈐印，分別爲“季振宜藏書”（朱文方印）、“御史之章”（白文方印）、“季振宜印”（朱文方印）、“滄葦”（朱文方印），進一步提升了收藏價值。

這個版本同時也兼具較高的學術價值。《藝文類聚》爲唐代官修類書，編撰體例詳明，保存了許多前朝文獻資料，是研究唐以前古書的重要參考書。《藝文類聚》雖有宋刻，但僅爲殘本，流傳主要依靠明刻本。而在衆多明刻本中又以胡纘宗、陸采刻本爲最善，明馮舒校宋刻本即以此本爲底本，學者們傳録馮氏校跋

---

① （清）倪濤：《六藝之一録》卷二九九《古今書論》第二十三葉右半葉，清乾隆四十六年（1782）文淵閣《四庫全書》本。

亦多以胡纘宗、陸采刻本爲底本。後馮氏校宋本不知去向，在宋刻本被發現之前，這些大致保留了宋刻本風貌的傳錄本就成了學者們可據的最善本，作爲底本的胡刻本自然功不可没。1958 年宋刻本現世後，汪紹楹以宋刻爲底本，參考胡刻本進行整理點校，點校本於 1965 年出版，成爲《藝文類聚》較爲完善的一個本子。直到今天，胡刻本都是研究《藝文類聚》本身或通過《藝文類聚》研究他書的重要參考，其學術價值可見一斑。

綜上，從各方面來看，這部《藝文類聚》都堪稱楊明照藏古籍的第一善本。

其次是清乾隆十三年（1748）武英殿刻《欽定古香齋袖珍十種》本《古香齋鑒賞袖珍初學記》三十卷。陳應鸞爲楊明照編寫的原綫裝書目録中衹有一部《古香齋鑒賞袖珍初學記》，著録爲"《古香齋初學記》，10 册，江西金谿紅杏山房藏板"。事實上，楊明照藏的《古香齋鑒賞袖珍初學記》共有兩部，目録著録的僅爲其中一部，另一部則存放於專家樓舊居書櫃上方的木質書箱中，陳應鸞在清理藏書時可能有所遺漏，故而没有著録。待我們到專家樓清理剩餘藏書時才發現這部《古香齋鑒賞袖珍初學記》，可謂意外的收穫。

兩部《古香齋鑒賞袖珍初學記》在版本特徵上有同有異。兩部書都是巾箱本，版式也基本相同，都爲白口，四周雙邊，單黑魚尾，半葉九行，行十八字，編次順序和正文款式皆同，這表明兩個版本之間存在直接的源流關係。主要的不同之處有：舊目著録的版本一共 10 册，首葉爲牌記，正面記"江西金谿紅杏山房藏板"，背面爲書名，版本信息較爲清晰，確認爲清光緒年間江西金谿紅杏山房刻本。但此本刻字歪斜簡陋，印刷模糊粗糙，紙張也較劣質，刻印品質相對較差。而另一部書共 12 册，没有牌記等版本信息，但刻印尤爲精美，字體方正美觀，墨色均勻清晰，紙張紋理細密，質地平滑堅實，幾無蟲蛀，整體品相上佳。通過仔細查閱目録和對比版本，我們將其版本定爲清乾隆十三年（1748）武英殿刻《欽定古香齋袖珍十種》本。武英殿作爲清代内府刻書處，彙集全國頂尖的學士、工匠進行書籍編纂、校定和刊刻，在書籍製造上不惜工本、力求精美，代表清代宫廷刻書的水準。這部《古香齋鑒賞袖珍初學記》是乾隆帝親自編定的《欽定古香齋袖珍十種》之一的原刻本，具有武英殿刻本的典型特徵，且存世數量較少，目前已知國内僅十餘家機構收藏，文物價值非常高。

清乾隆六十年以後的部分古籍版本雖然年代相對較晚，但都有其特殊之處，或爲特殊製作工藝，或藝術價值較高，亦或傳本稀少，因此也能够被視作善本。

6部特殊善本分別爲：清道光十三年（1833）兩廣節署刊翰墨園朱墨套印本《史通削繁》四卷、清光緒十五年（1889）廣雅書局刻朱印本《汗簡箋正》八卷、清光緒三十二年（1906）西泠印社影宋刻本（黄岡陶子麟刻）《李翰林集》三十卷、清末木活字四色套印本《陶淵明集》八卷首一卷末一卷、清末民初武昌徐行可知論物齋鈔本《讀左巵錄》一卷和清末民初傳鈔道光七年（1827）南海曾釗稿本《春秋一百二十四國》一卷。下面介紹其中幾種較有代表性的古籍。

　　清後期特殊版本和稀見版本中最值得關注的首推清末木活字四色套印的《陶淵明集》八卷首一卷末一卷。這部《陶淵明集》共4册，封面爲藍底，中央印有“陶淵明集”四個墨色大字，無刻書牌記。書首爲墨印陶淵明小像，右下角書“辛丑秋雅琴氏訂於蓉城旅舍”。版框、版心、魚尾爲藍印，正文墨印，四庫提要、正文圈點朱印，雙行小字注、大字評點爲綠印，無界欄。各種顏色在潔白的紙張上整齊分明又明麗多彩，十分美觀。該本偶見單個字微有歪斜、墨色不均，字與字之間無筆劃交叉，版框無斷板處，四角則有明顯接縫，具有十分典型的活字本特徵。套印本和活字本在古籍版本中屬於特殊版本，由於工藝複雜、耗財費力，相對少見，而結合兩種工藝的活字套印本更是十分稀有。張秀民在《中國印刷史》中對這個版本給予了“活字本而有四色，殊爲罕見”的高度評價。[1] 范景中曾專門對清代活字套印本進行了統計，但也僅11種[2]，可見活字套印本的珍稀。范先生通過紙張判斷此本的時代在道光之後[3]，但具體刻印時間和機構仍待考，我們參考范先生的意見和其他圖書館的著錄，將其版本定爲清末木活字四色套印本。綜合來看，這部《陶淵明集》雖然時代較晚，但活字套印的版本十分珍稀，排印也精緻美觀，并讓我們有機會從實物直觀地了解活字套印的技術，增進對古代印刷技術的認識。版本價值、藝術價值及學術價值三者并具，是楊藏善本中的又一珍品。

　　其次是《汗簡箋正》八卷，光緒十五年（1889）廣雅書局刻朱印本。朱印本除特殊古籍（印譜、符篆等）外，一般爲校對用的樣書。這部《汗簡箋正》便是廣雅書局在書版刻成後先行印製的用於校對的樣本。該書全書皆用紅色印刷，白底朱字、鮮豔美麗，在一衆墨印本中尤爲亮眼。卷首有刻書牌記，黑口單魚尾，

---

① 張秀民：《中國印刷史》，上海：上海人民出版社，1989年9月第1版，第569頁。
② 范景中：《清代活字套印本書錄》，載《藏書家》第一輯，濟南：齊魯書社，1999年4月第1版，第89—97頁。
③ 見《清代活字套印本書錄》第95—96頁。

版心下方記"廣雅書局刊";四周單邊,半葉七行,每行字數不等,小字雙行同。因用嶄新的書版初印,這部書印刷得十分清晰,品質極佳,且體現了書版剛剛完成、尚未校改的原始面貌,提供了了解廣雅書局本《汗簡箋正》製作過程的資料。由於祇作校對用途而非正式印刷,這種朱印本的印製數量往往較少,也不被認爲具有特殊價值,所以保存下來的也不多。而直到民國時期,朱印本才因爲美觀、稀見而逐漸受到藏書家們的喜愛,收藏價值大大提升。因此廣雅書局刻的《汗簡箋正》八卷本身雖然屬於普通古籍,但這個朱印本却綜合了藝術價值、文物資料價值,是不可多得的善本。

另外談一談兩種清末民初的鈔本。首先是《讀左瓁録》一卷,共 1 冊。該本爲藍格鈔本,每葉左下角有"知論物齋書鈔"字樣。"知論物齋"爲徐行可書齋名,可見此鈔本出於徐氏,因此我們將版本定爲清末民初武昌徐行可知論物齋鈔本。從字迹來看雖非徐行可手鈔,但楷書工整規矩,亦十分可觀。該鈔本中有紅色標點和校字,天頭鈔有少量批語。書首與書末分別鈐有"桐風高藏"和"是古東塾"兩枚印記。《讀左瓁録》爲晚清文人王廷鼎所作。王廷鼎,字夢薇,江蘇震澤人,爲俞樾弟子,長於書畫詩文,曾任浙江縣丞,其作品大多收於他的獨撰叢書《紫薇花館集》中。《紫薇花館集》有清光緒十七年(1891)刻本,目前能够見到的《讀左瓁録》基本都爲此叢書本,尚未見有其他單行本。此本作爲《讀左瓁録》的單行本,又爲徐行可書齋所出的精鈔本,我們認爲其具有較高的價值。

其次是《春秋一百二十四國》一卷,共 1 冊。此本用半透明薄紙鈔寫,版框爲墨筆勾畫,中無界行,天頭有眉批,鈔寫字體書法秀麗、字迹清晰、墨色濃而均匀,堪稱十分精美。書中鈐有"桐風高藏""武昌徐氏"印記,爲徐行可舊藏。書末有南海曾釗於道光七年(1827)四月所作之題記,在此題記中曾釗提到了他依顧復初《春秋大事表》爲此書增補了十二國建都處和未見於此書的四十三國,又移除了存在錯誤的七國。增補的内容皆批於書眉處,眉批尚有"不知何以列入,應考"等字樣。清咸豐十一年(1861)粵雅堂叢書三編本《春秋國都爵姓考》一卷附補一卷中,曾釗增補的十二國建都處列於陳鵬所撰《春秋國都爵姓考》的條目之下,增補的四十三國則輯爲《春秋國都爵姓考補》一卷。書末仍有題記,而内容微有出入,時間亦變爲道光七年(1827)立夏。可見粵雅堂叢書本應爲定本,而此鈔本的内容實爲未定之稿本。從字迹看非曾釗本人手書,推測爲後世傳鈔本。

（二）批校題跋本

除三大特藏外，楊明照先生捐贈的古籍綫裝書中還有批校題跋本 18 部 44 册，包括普通古籍 7 部 26 册，民國綫裝書 11 部 18 册，另有舊平裝書 2 部 5 册。這些批校題跋本大致可以分爲兩種類型：楊明照批校本和其他學者批校題跋本。楊明照批校本主要有以下二種：《荀子集解》二十卷（清光緒十七年［1891］刻本）和《淮南鴻烈集解》二十一卷（民國十三年［1924］商務印書館鉛印本）。

在《荀子集解》的天頭上，楊明照用毛筆寫下了密密麻麻的小楷批注，内容旁徵博引，且多有精到觀點。聯繫楊明照在燕京大學讀研究生時曾發表《〈雙劍誃荀子新證〉評》[①]一文，對于省吾的《荀子新證》中的幾處錯誤進行了理據充分的舉正。可見楊明照對《荀子》的考證研究開始得較早，雖然後期没有再發表其他有關《荀子》的學術文章，但這部楊氏批注的《荀子集解》亦能很好地證明楊明照對《荀子》研究的深入。

《淮南鴻烈集解》二十一卷全書皆有紅筆圈點和批注，批注有對《淮南子》著書之由、觀點主張等的概括之語。天頭則有墨色毛筆眉批，眉批中多有"向師（宗魯）曰""明照按"等字樣。據家人描述，楊明照在新中國成立後不再用毛筆寫作，改用鋼筆寫作。而此本上的字迹，經過仔細對比，與楊明照 20 世紀 60 年代及以後的字迹有明顯不同，而更接近於 40 年代以前的字迹。綜上，我們推測此批校本或爲楊明照學生時期的讀書批注。據楊明照《自傳及著作簡述》[②]，建國前十年，楊明照曾開設過《淮南子》課程，并有《淮南鴻烈概説口義》講課稿，足見楊明照對《淮南子》實有過專門的研究。想來學生時期對《淮南子》的批注練習爲楊明照對《淮南子》的研究打下了十分堅實的基礎。

《荀子》和《淮南子》都并非楊明照的主要研究對象，書中的批校也存在很多早期學術訓練的痕迹。這些批校或許并不如《文心雕龍》《抱朴子》《文選》三種特藏中的楊批本那樣成熟精煉且成體系，但却能展現楊明照早期學術積累的過程。正是因爲這些一絲不苟的勤學苦練，楊明照才能積累出廣博的學識修養和深厚的治學功底，最終結出豐碩的學術成果。因此這些保存了楊明照早期批校的本

---

① 楊明照：《〈雙劍誃荀子新證〉評》，載《學不已齋雜著》，上海：上海古籍出版社，1985 年 10 月第 1 版，第 223—226 頁，原載於 1937 年《燕京學報》第 22 期。
② 楊明照：《自傳及著作簡述》，載《中國當代社會科學家》第 4 輯，北京：書目文獻出版社，1983 年 8 月第 1 版，第 216—222 頁。

子亦是彌足珍貴。

其他學者批校題跋本中最具有代表性的是佚名過録陳乃乾批校《劉子》二卷。這個過録本底本爲清光緒元年（1875）湖北崇文書局刻《子書百家》本，其上過録了陳乃乾用明萬曆五年刻子彙本《劉子》上下卷、黃丕烈士禮居舊藏《劉子袁孝政注》十卷和明萬曆二十年蔣以化刻本《劉子》十卷校勘的校語。卷末過録陳乃乾1923年校勘完畢的題跋一條，交代了黃丕烈舊藏本的來源和陳氏對黃氏舊藏本爲活字本的判斷。書中還夾有一張薄箋，上面過録了黃丕烈跋語一條和蔣以化的《刻劉子引》。陳乃乾爲民國時期著名的古籍研究專家，精於版本、目録和校勘等學問，經陳乃乾校勘的本子無疑堪稱精善。此本雖爲過録本，但保留了陳乃乾的批校信息和多個《劉子》版本的文獻資料，依然具有很高的學術價值。

楊明照對《劉子》是有極爲深入的研究的，他在大學本科期間即開始整理《劉子》，并於1938年在燕京大學《文學年報》第4期發表了《劉子校注》一文，此後不斷增補，1988年又將補訂後的版本出版爲《劉子校注》專著。2001年，93歲高齡的楊明照又着手撰寫《增訂劉子校注》，可惜不待完成便駕鶴西去，留下遺稿六卷，甚爲遺憾。在資料不普及的年代，此《劉子》過録批校本保存了陳乃乾的批校和較多版本資料，想來曾爲楊明照研究《劉子》提供過許多幫助。

雖無批校但有題記識語的本子也歸入了其他學者批校題跋本之列，這類的主體爲前文提到的親友贈書，此不贅述。其中也有清代人的題記，如清嘉慶九年（1804）德裕堂刻本《後漢書補注》二十四卷上的題記："此書曾藏海昌沈意文處，子孫不守，得者寶之。辛酉九月九日自復。"下附鈐印"沈壽榕所藏金石圖書"。沈壽榕，字意文，浙江海昌人，同光間任吳縣鹽司，著有《玉笙樓詩録》[①]。此題記可見清代文人藏書愛書之心。

上述批校題跋本保存了衆多學者的手迹，其中不乏著名學者。名家手迹本身即具有收藏價值，而依靠批校留存下來的校本資料和學者們的學術觀點則爲學術研究提供了豐富的材料。不同學者批校不同典籍所呈現出的面貌有其共性與個性，共性在於校勘、注釋的基本方法，個性則或源於典籍本身的性質、學者的個人風格等。且批校題跋本往往是學者們在治學中形成的最初的原始底稿，對於了

---

① 沈意文事迹見張一麐《心太平室集》卷六第十三葉左半葉，《民國叢書》第3編82綜合類（據1947年綫裝本影印），上海：上海書店，1991年12月第1版。

解其學術研究的歷時性發展也具有重要的作用。可以説批校題跋本能够爲許多研究角度提供新的材料，因而具有極高的學術價值。

結語

　　楊明照先生捐贈給四川大學文學與新聞學院的古籍綫裝書數量衆多、特色鮮明，非常珍貴。"三大特藏"與楊明照先生的學術研究密切相關，有利於我們了解楊明照的研究對象和學術歷程，最具個人特色，也爲後人進一步研究這些古籍彙聚了豐富的版本資料。其他善本和批校題跋本也具有極高的文物價值與學術價值。這批珍貴的古籍能够化私爲公，得益於楊明照先生家屬的慷慨捐贈，如此善舉，嘉惠學林，澤被後世，我院定當永久珍藏，妥善保管。同時，在保護的基礎上，我們更要對其進行開發和利用，以充分發揮這批古籍綫裝書的價值。目前，《楊明照先生捐贈古籍圖録》已經編纂完成，即將出版；古籍數字化工作正在進行中，破損古籍修復工作也提上了日程。相信在不久的將來，楊明照藏古籍綫裝書將會重新焕發光彩，爲學術研究做出更多的貢獻。

（本文作者爲四川大學文學與新聞學院
2023 級中國古典文獻學專業博士研究生）

凡　例

　　一、本書著録楊明照先生家屬捐贈給四川大學文學與新聞學院的古籍，總計182 部 1653 冊。所謂古籍，是指印刷或抄寫於 1911 年以前的書籍；1912 年以後產生的綫裝書，屬於現代圖書，不在本書著録範圍之内。

　　二、印刷或抄寫時代不詳的書籍，如 026 號《書經》、040 號《春秋一百二十四國》、041 號《讀左璅録》等，皆是楊先生岳父、近代著名藏書家徐行可先生的舊藏，屬於珍貴的特藏文獻，故適當放寬時限，予以收録。

　　三、楊明照先生是學者型藏書家，藏書以實用爲主。因研究《文心雕龍》的需要，搜集了較爲豐富的各種版本，並在書中留下了大量珍貴的批校題跋。爲反映楊先生藏書的特色，本書卷一爲"特藏"卷，專門收録《文心雕龍》和楊先生的批校題跋本。其他古籍則仍然采用傳統的經、史、子、集、叢五部分類法，並酌情參考《中國古籍總目》的類目設置方式進行編排。叢書零種，分散著録於經史子集四部；若有兩種以上子目，則集中著録於叢書部。

　　四、同一部書的不同版本，比如《文心雕龍》的 17 個版本，按印刷或抄寫的時代先後順序編排。

　　五、因著録的書籍數量不多，每"部"之下，如非必要，一般祇分"大類"，不再細分"屬"。

　　六、每書根據需要選擇 1 至 3 張有代表性的書影。一般都包括正文卷一的首頁，如果卷端殘缺或損毀嚴重，才采用其他卷次的首頁作爲書影。

　　七、楊先生的部分藏書品相不佳，蟲蛀破損嚴重，亟待修復，影響了書影的美觀與質量。但爲了忠實地反映藏書原貌，除必要的剪切外，本書不對圖片作過多的加工處理。

八、本書的内容編排采用上圖下文的方式，每部書的文字説明主要包括序號、書名、卷數、殘缺、作者、版本、册數、版式行款、版框尺寸、藏書印、索書號等。如果書中保留了價簽或發票，也相應地著録購書時間、地點與價格，以供參考。

卷一　特藏

文心雕龍

文心雕龍卷一

　梁　東莞劉勰著

　　　　張遂辰閱

原道第一

文之爲德也大矣與天地並生者何哉夫玄黃色雜
方圓體分日月疊璧以垂麗天之象山川煥綺以鋪
理地之形此蓋道之文也仰觀吐曜俯察舍章高卑
定位故兩儀既生矣惟人參之性靈所鍾是謂三才
爲五行之秀人實天地之心心生而言立言立而
文明自人兊三道地以肺燕爲高熟斷道淖饵煌啄以貞會

001 文心雕龍十卷

　　（南朝梁）劉勰撰（明）張遂辰閱。明萬曆二十年（1592）何允中輯刻《廣漢魏叢書》
本。1冊。半葉九行二十字，白口，左右雙邊，白魚尾。框高 19.7 厘米，寬 14.3 厘米。鈐
"鴻寶秘極"印記。索書號 YST2-53。

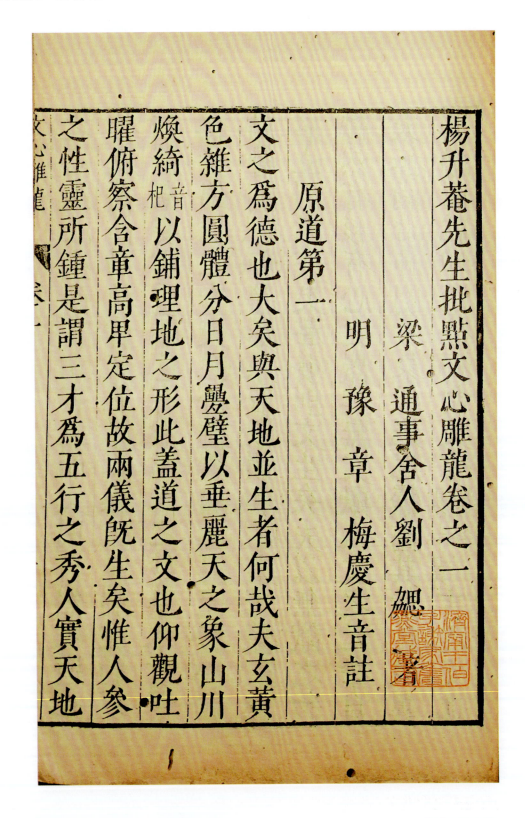

002 楊升庵先生批點文心雕龍十卷

　　（南朝梁）劉勰撰（明）楊慎批點，梅慶生音注。明萬曆間刻本。2 册。半葉九行十八字，白口，四周單邊，單黑魚尾。框高 20.8 厘米，寬 14.7 厘米。鈐"濟寧王伯子謝家舊燕堂藏書"印記。索書號 YST2-59。

楊升菴先生批點文心雕龍卷之一

梁 通事舍人劉勰著

明 豫章 梅慶生音註

原道第一

文之爲德也大矣與天地並生者何哉夫玄黃
色雜方圓體分日月疊璧以垂麗天之象山川
煥綺杷（音巴）以鋪理地之形此蓋道之文也仰觀吐
曜俯察含章高卑定位故兩儀既生矣惟人參
之性靈所鍾是謂三才爲五行之秀實天地

天啟二年梅子庚

003 楊升庵先生批點文心雕龍十卷

（南朝梁）劉勰撰（明）楊慎批點，梅慶生音注。明天啟二年（1622）梅慶生第六次校刻古吳陳長卿印本。2 冊。半葉九行十八字，白口，左右雙邊，單黑魚尾。框高 20.8 厘米，寬 14.9 厘米。鈐"江夏徐氏藏本""桐風高藏""一門深掩得閒權""彊諔""徐恕"印記。索書號 YST2-51。

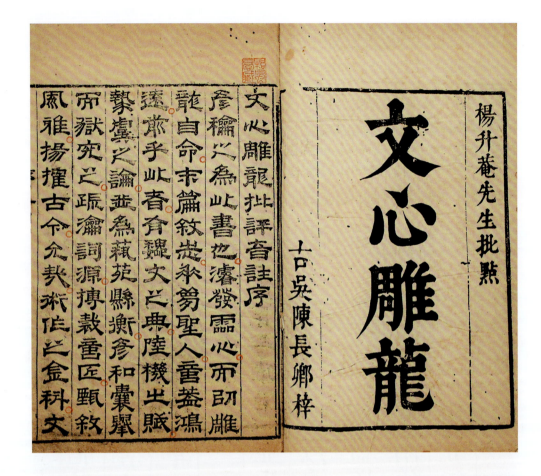

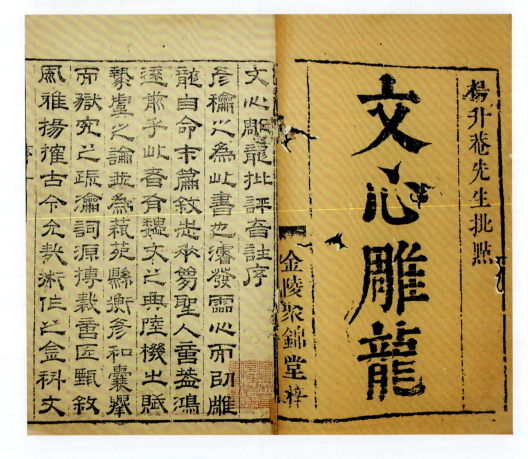

楊升菴先生批點文心雕龍卷之二

梁 通事舍人 劉勰 著

明 豫·章 梅慶生 音註

原道第一

文之爲德也大矣與天地並生者何哉夫玄黃
色雜方圓體分日月疊璧以垂麗天之象山川
煥綺以鋪理地之形此蓋道之文也仰觀吐
曜俯察含章高卑定位故兩儀旣生矣惟人參
之性靈所鍾是謂三才爲五行之秀實天地

004 楊升庵先生批點文心雕龍十卷

（南朝梁）劉勰撰（明）楊慎批點，梅慶生音注。明天啟二年梅慶生第六次校刻金陵聚錦堂印本。4冊。半葉九行十八字，白口，左右雙邊，單黑魚尾。框高20.8厘米，寬14.9厘米。鈐"南宮葆真堂陳氏珍藏書畫印"印記。索書號YST2-77。

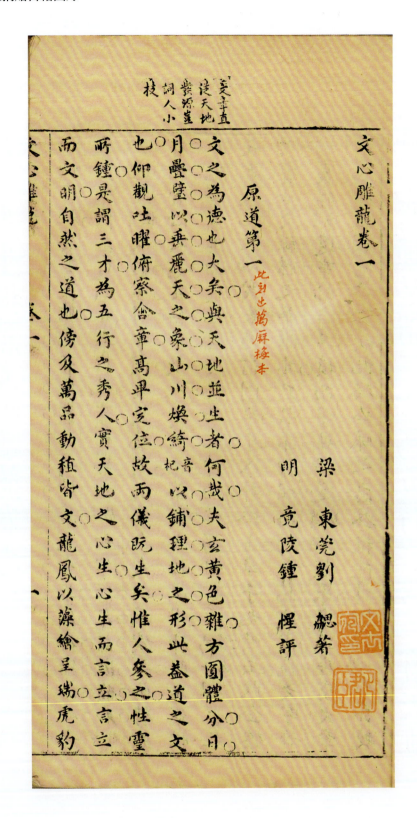

005 文心雕龍十卷

（南朝梁）劉勰撰（明）鍾惺評。明天啟、崇禎年間刻《鍾伯敬評秘書十八種》本，楊明照批校。1冊。半葉九行二十五字，白口，四周單邊。框高 20.8 厘米，寬 12.3 厘米。鈐"郡臣""文士宛印"印記。索書號 YST2-49。

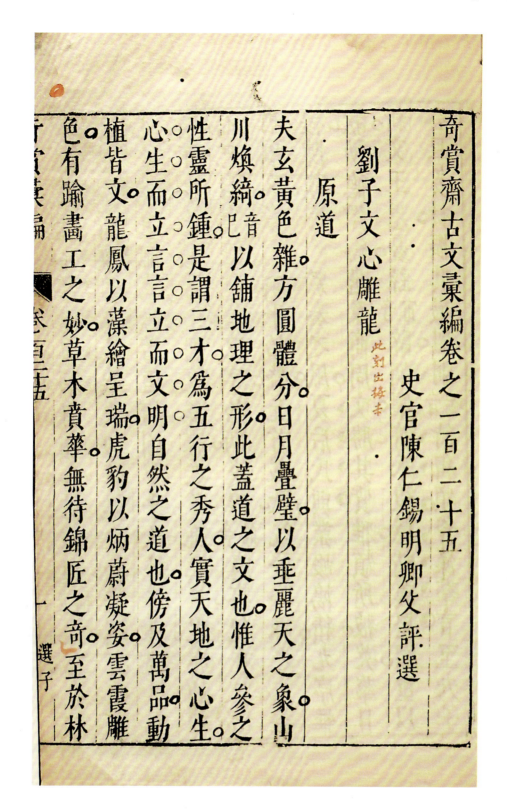

奇賞齋古文彙編卷之一百二十五

史官陳仁錫明卿父評選

劉子文心雕龍 _{此刻出揲本}

原道

夫玄黃色雜方圓體分。日月疊璧以垂麗天之象。山川煥綺以鋪地理之形。此蓋道之文也。惟人參之性靈所鍾是謂三才爲五行之秀人實天地之心。心生而立言言立而文明自然之道也。傍及萬品動植皆文。龍鳳以藻繪呈瑞虎豹以炳蔚凝姿雲霞雕色有踰畫工之妙。草木賁華無待錦匠之奇。至於林

（奇賞齋古文彙編 選子）

006 文心雕龍二卷

（南朝梁）劉勰撰（明）陳仁錫評選。明崇禎七年（1634）刻《奇賞齋古文彙編》本，楊明照批校。1冊。半葉十行二十字，白口，四周單邊，單黑魚尾。框高 21 厘米，寬 14.7 厘米。索書號 YST2-52。

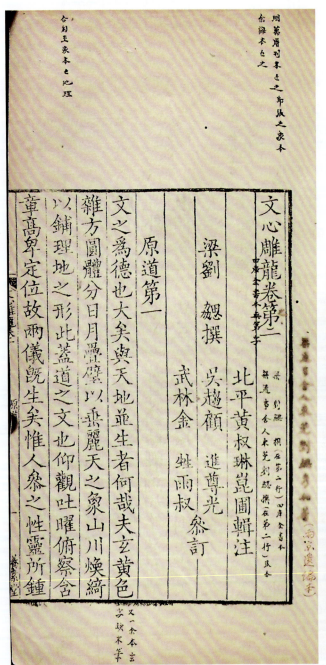

007 文心雕龍輯注十卷

　　（南朝梁）劉勰撰（清）黄叔琳輯注。清乾隆六年（1741）養素堂刻後印增訂本，楊明照批校。4 册。半葉九行十九字，白口，左右雙邊，單黑魚尾。框高 15.8 厘米，寬 11.2 厘米。索書號 YST2-78。

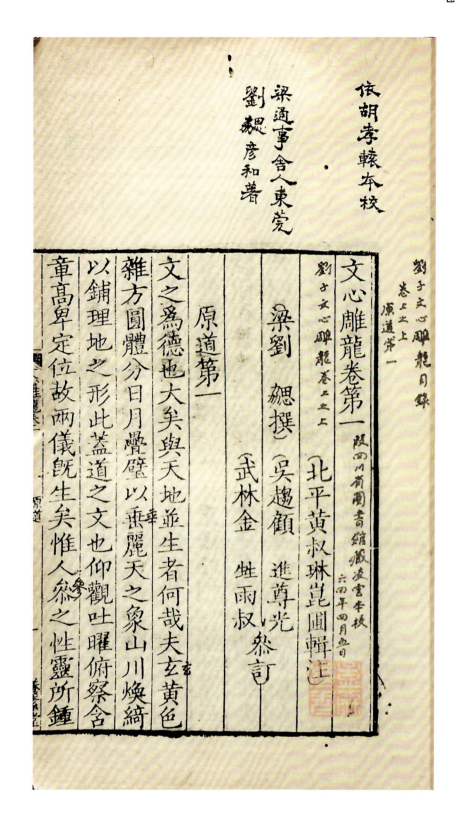

008 文心雕龍輯注十卷

（南朝梁）劉勰撰（清）黃叔琳輯注。清覆刻乾隆六年（1741）養素堂刻本，張采田、
楊明照批校，徐恕題跋。2册。半葉九行十九字，白口，左右雙邊，單黑魚尾。框高 15.2 厘
米，寬 11.2 厘米。鈐"孟劬藏書"印記。索書號 YST2-56。

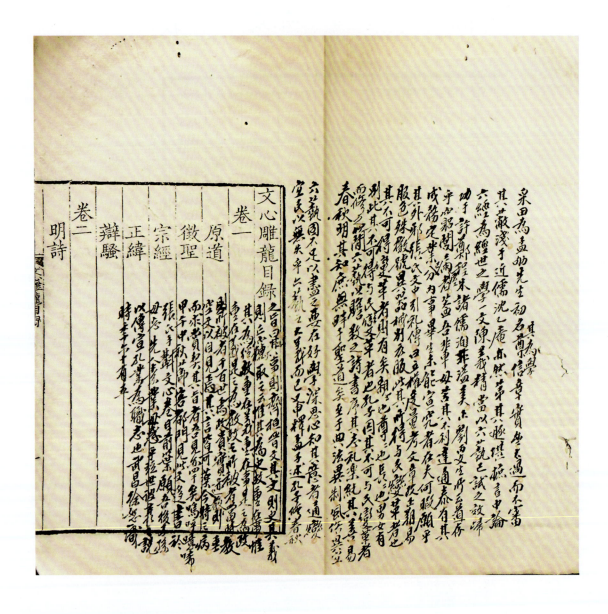

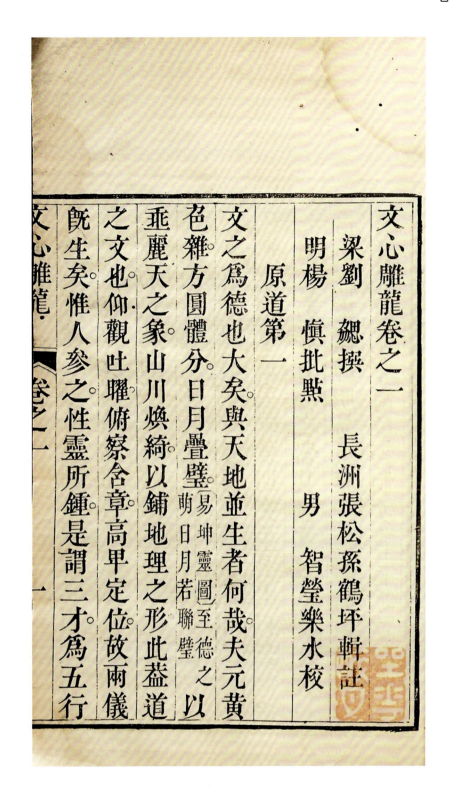

009 文心雕龍輯注十卷

　　（南朝梁）劉勰撰（明）楊慎批（清）張松孫輯注。清乾隆五十六年（1791）長洲張氏刻本。1册。半葉九行十八字，白口，四周雙邊，單黑魚尾。框高 18.5 厘米，寬 13.9 厘米。鈐"哭花醉月""鶴坪""松孫""軒外長溪溪外山，卷簾空曠水雲間。高齋有問如何樂，清夜安眠白晝閒"印記。索書號 YST2-54。

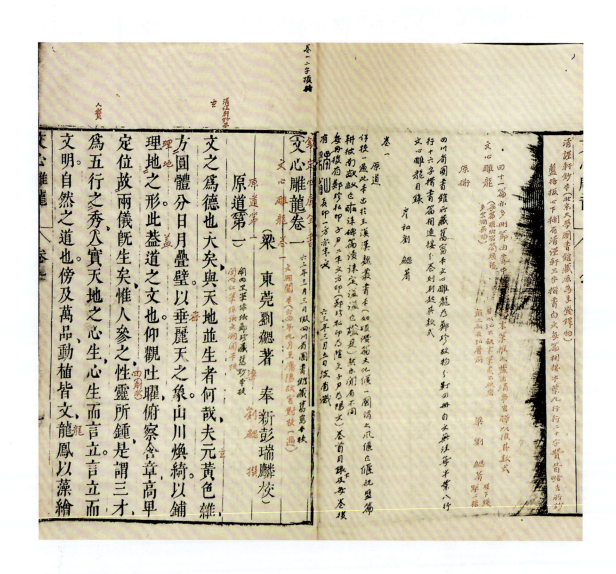

010 文心雕龍十卷

（南朝梁）劉勰撰（清）彭瑞麟校。清乾隆五十六年（1791）王謨刻《增訂漢魏叢書》本，楊明照批校。1册。半葉九行二十字，白口，左右雙邊，白魚尾。框高19.5厘米，寬14.2厘米。索書號YST2-48。

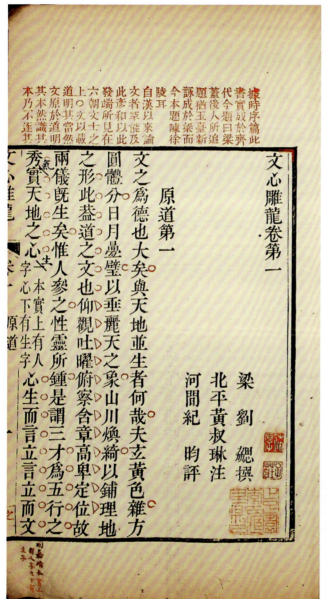

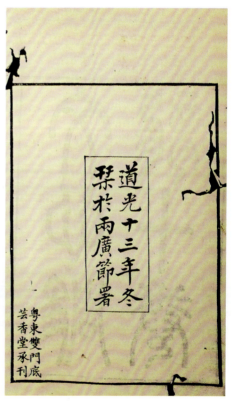

011 文心雕龍十卷

　　（南朝梁）劉勰撰（清）黃叔琳注，紀昀評。清道光十三年（1833）兩廣節署刻芸香堂承刊朱墨套印本。4冊。半葉十行二十一字，白口，左右雙邊，單黑魚尾。框高18.5厘米，寬12.9厘米。鈐"止足園李氏藏書印""子莊""端厚""李端厚印""李氏藏書""求放心齋""自恣荊楚""徐弜誃藏閱書"印記。索書號YST2-90。

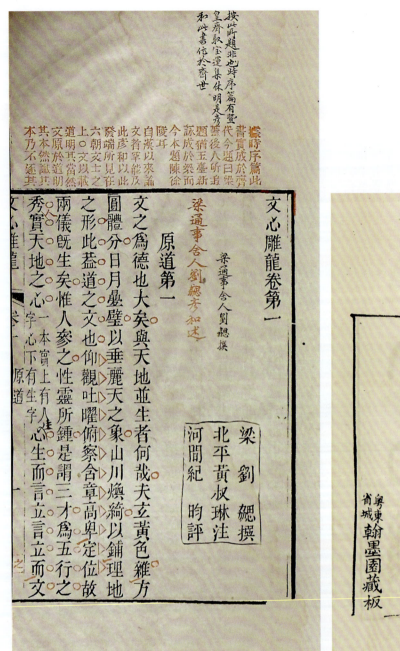

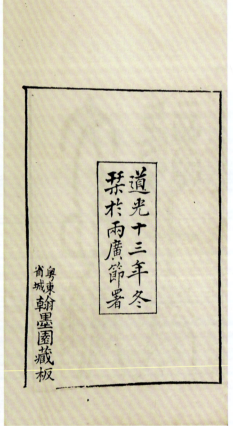

012 文心雕龍十卷

（南朝梁）劉勰撰（清）黃叔琳注，紀昀評。清翰墨園覆刻道光十三年（1833）兩廣節署朱墨套印本，佚名過録黃丕烈、顧廣圻合校。4册。半葉十行二十一字，白口，左右雙邊，單黑魚尾。框高18.1厘米，寬12.9厘米。索書號YST2-91。

功甫諱先以郡人巴徽善讀鐵藏書云
多功甫辛亥嘗送松盦雪煙叟金石
浮昜漁集湯壬徐荛荷齋諷誦堂
集古录唶其物也藏丁卯余從牧翁
借得鈔本因乞友潤行甫录之
完雨諸此具屋賣（一篇恐逐多傳于
世聊自录之八月六日屬守府士記
　　　　　　上党　馮舒
　　　　　　　　　馮弆蒙子松弆
用管闚天

丁卯中秋日闌此十八始終卷此辛一弆
功甫農卒一空卯有雄跌知失误
者而列之卷端王敍自弃一陳損智奇
賢也屬守居士誠
崇禎庚戌僧得錢牧齋起次抄弆
太平御覽得嘉百字
南都宿謝貫伯梗辛則又從牧齋而得者
而附以諸家之是心者也僧校顧芳
馨就珠之雖云某欬州必誊三可撼今
而列之上方闦耳伯俗之敍獲時牧齋
雖以鐸辛而弟八卷猶闕令必蜹焦
颜同此本而弟八卷猶闕令必蜹焦
惲矢　馮弆之印
紫陽辛末有大顥惡障俻覽
　　護翁

（印章）

文心雕龍〔　〕卷十

云宏 毛目｜子華子毛舉其目 尚不勝為戲也 餅管｜左傳摯餅之智注 喻小智也 莊子秋

元刻文心雕龍　戊辰三月馮抄校本校　護翁

乾隆辛卯八月初六日閱畢曉嵐記

凡馮校與元刻合者加圈以別之

嘉靖庚子歙汪一元本校一過　澗薲記　時戊午　汪本覆校　莞圓

案此云元作某者與阿校元校時有不合何也　護翁　黃丕烈臨

活字本校與元刻合者加活字為記

文心雕龍卷十終

嘉應廩生吳梅修校

史則史通學者不可不讀余謂文達之論二書尤不可
不讀或曰文達辨體例甚嚴刪改故籍批點文字皆明
人之陋習文達固常訶之是書得無自戾與余曰此正
文達之所以辨體例也學者苟得其意則是書之自戾
可無議也雖然必有文達之識而後可以無議也夫嘉
應吳蘭修跋

馮己蒼手校李蔵園郡雨香嚴家蔵戊辰春余松元刻畢借此復之溫夲理出于
錢牧翁⋯⋯出于功甫刪其抄必有自來矢楷朱格紛如所功兩面日己不鮮兆及功
甫景與宋槧增德彥一篇如函蔚兩宋槧是一甚又吏雜分別古書不得起夲
最未可信雕校其坐此累歌余亦校元刻又師馮夲嫩日當以元毅為主再四弘
泫泫字嘉靖注刻参其其同就町目見之刻夲輯一皂夲若馮松可為考放之
助肉作目聲功而奔也　復角

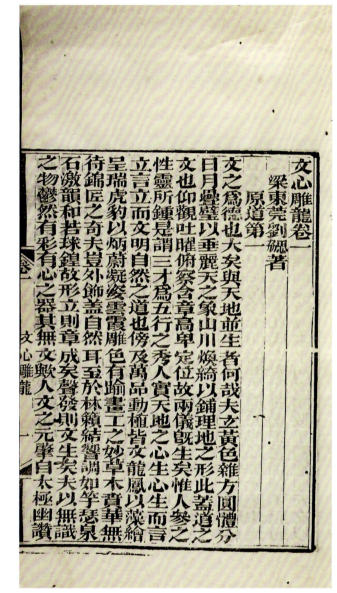

013 文心雕龍十卷

（南朝梁）劉勰撰。清光緒三年（1877）湖北崇文書局刻《崇文書局彙刻》本。1 冊。半葉十二行二十四字，黑口，四周雙邊，雙黑魚尾。框高 19.1 厘米，寬 14.6 厘米。索書號YPT2-57。

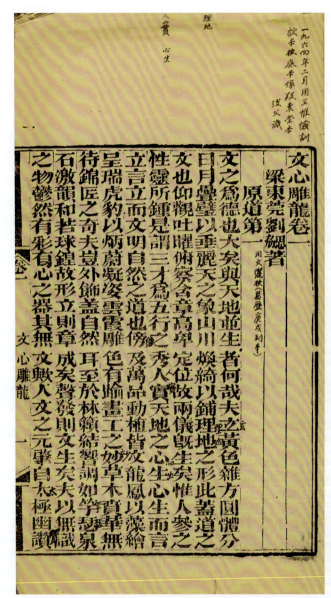

014 文心雕龍十卷

（南朝梁）劉勰撰。清光緒三年（1877）湖北崇文書局刻《崇文書局彙刻》民國元年
（1912）鄂官書處印本，楊明照批校。1册。半葉十二行二十四字，黑口，四周雙邊，雙黑魚
尾。框高 19.1 厘米，寬 14.7 厘米。索書號 YPT2-50。

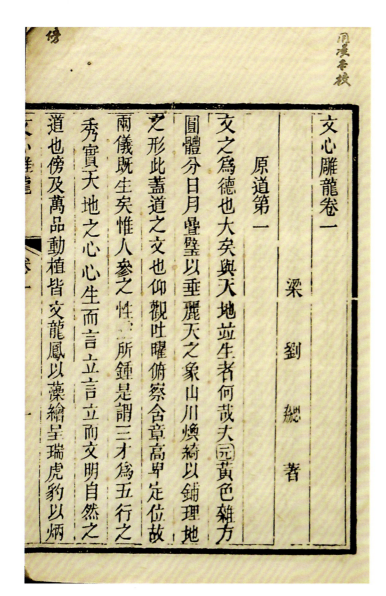

015 文心雕龍十卷

　　（南朝梁）劉勰撰。清光緒十二年（1886）刻本。2 冊。半葉九行十九至二十二字不等，白口，四周雙邊，單黑魚尾。框高 12.7 厘米，寬 9.8 厘米。索書號 YPT8-81。

文心雕龍卷第一　侯王惟儉訓故本校

原道第一

　　　　　　梁　　劉勰撰

　　　　　北平黃叔琳注

　　　　　河間紀昀評

文之為德也大矣與天地並生者何哉夫玄黃色雜方
圓體分日月疊璧以垂麗天之象山川煥綺以鋪理地
之形此蓋道之文也仰觀吐曜俯察含章高卑定位故
兩儀既生矣惟人參之性靈所鍾是謂三才為五行之
秀實天地之心字心下有生字心生而言立言立而文

文心雕龍訓故卷之一

原道第一

河南王惟儉訓

016 文心雕龍十卷

　　（南朝梁）劉勰撰（清）黃叔琳注，紀昀評。清光緒十九年（1893）思賢講舍刻本，楊明照批校。4冊。半葉十行二十一字，粗黑口，左右雙邊，單黑魚尾。框高 16.2 厘米，寬 13.5 厘米。鈐"壽護樓珍藏"印記。索書號 YPT2-55。

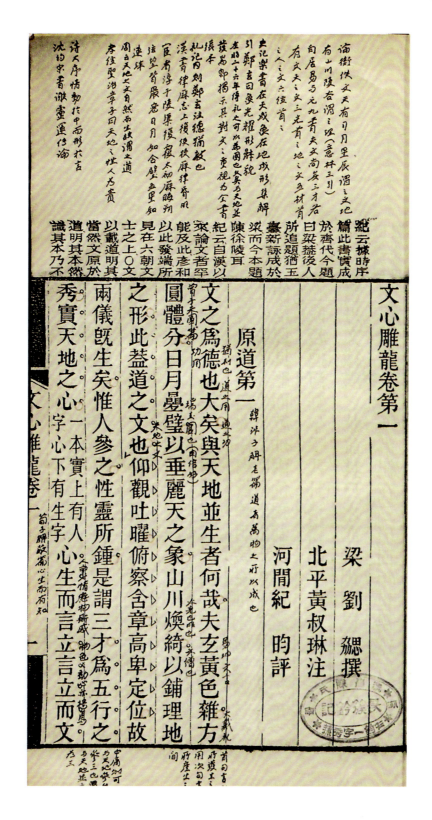

017 文心雕龍十卷

　　（南朝梁）劉勰撰（清）黃叔琳注，紀昀評。清光緒十九年（1893）思賢講舍刻本，楊明照批校。4冊。半葉十行二十一字，粗黑口，左右雙邊，單黑魚尾。框高16.2厘米，寬13.5厘米。索書號YPT2-92。

楊明照先生批校本

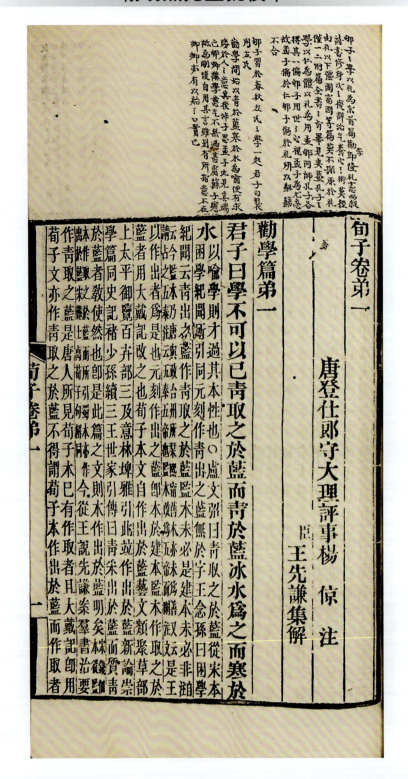

018 荀子集解二十卷（缺第十三至十七卷）

（清）王先謙集解。清光緒十七年（1891）刻本，楊明照批校。5 冊。半葉十一行二十四字，黑口，左右雙邊，單黑魚尾。框高 17.8 厘米，寬 13.5 厘米。索書號 YPT2-31。

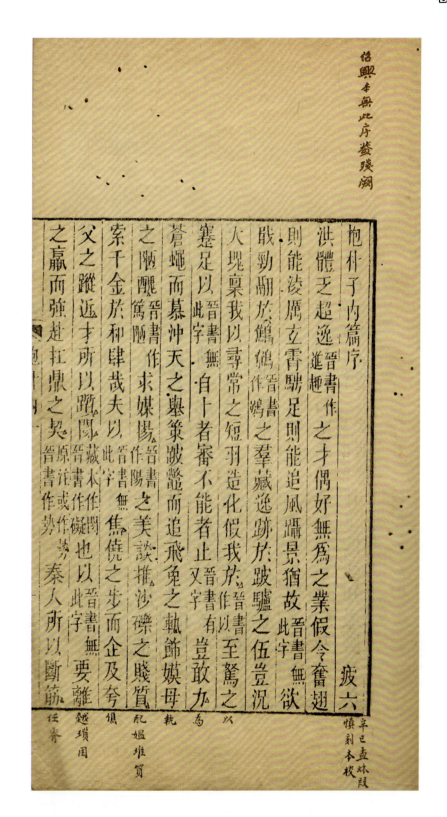

019 抱朴子内篇二十卷外篇五十卷（外篇缺第一至三十七卷）

（晉）葛洪撰。清光緒十一年（1885）朱氏槐廬家塾重刻《平津館叢書》本，楊明照批校。4 冊。半葉十一行二十字，白口，左右雙邊，單黑魚尾。框高 15.9 厘米，寬 11.2 厘米。鈐"校經山房督造書籍"印記。索書號 YPT13-145。

楊明照先生捐贈古籍圖錄

紹興本抱朴子内篇曾爲徐說學
事牋宜諸泉藏被入清宮溥儀交通
守半葉十五行行二十八字頗可
仙葉群間三篇原闕係鈔配墨筆藏
登涉遐覽二篇亦晉闕一葉係
陳鈞配

暢玄卷第二同

吳興郡山人愽愫宦 校

柜楷皆死此晉書無 莫信神仙之事謂爲妖妄之說見德

余此書此共十字 晉書無事至不特大笑之大而笑之又將世

謗毀真正故不以合於字今校刪余所著子書之茶世

數而別爲此一部名曰内篇凡二十卷與外篇各起

次第也晉書故不至第五也内篇名曰内篇其餘駁難通釋名大凡

内外一百二十六篇雖不足以藏名山石

蕎史家刪改之耳晉書以藏諸

室此晉書無且欲緘之金匱以示識者下三十一字其以無

不可與言者不令見也貴使來世好長生者有以釋

其惑豈求信於不信者乎謹序藏本作葛洪稚川

謹序後人所增哉

抱朴子内篇卷之二

（暢玄）大字佔兩行（從第一葉第一行起）

月沼興本校

〈抱朴子〉一

二

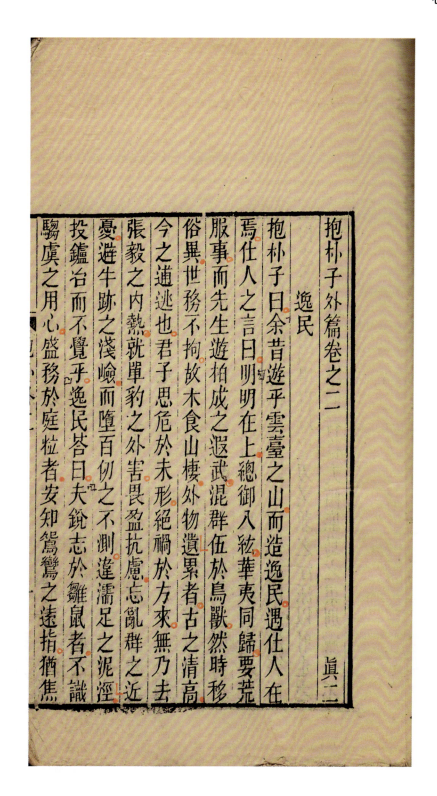

020 抱朴子外篇五十卷

　　（晉）葛洪撰。清光緒十一年（1885）朱氏槐廬家塾重刻嘉慶二十四年（1819）冶城山館校刊《平津館叢書》本，楊明照圈點並題跋。2册。半葉十一行二十字，白口，左右雙邊，單黑魚尾。框高 16.8 厘米，寬 11.3 厘米。鈐"曾作循良采訪人""覃懷李氏吉珊過目""濟寧直隸州中學堂鈐記"印記。索書號 YPT10-6。

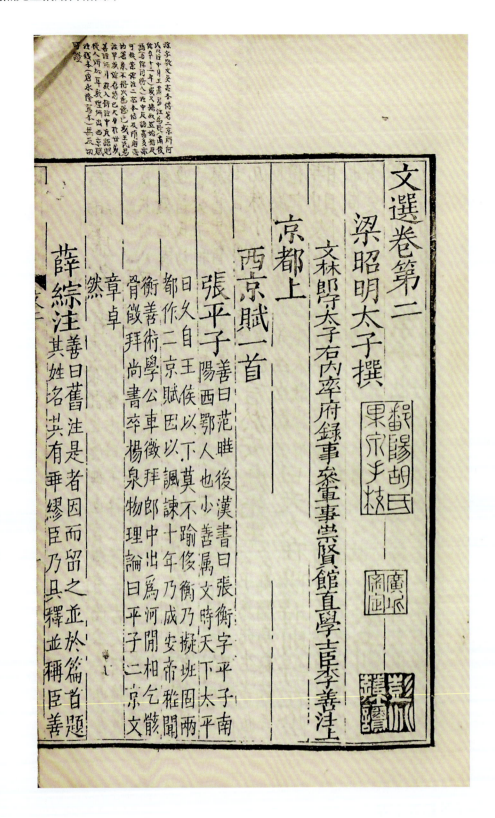

021 文選六十卷考異十卷

　　（南朝梁）蕭統編（唐）李善注（清）胡克家考異。清同治八年（1869）崇文書局刻本，楊明照批校。30冊。半葉十行十九至二十二字不等，小字雙行二十一至二十二字不等，白口，四周雙邊，單黑魚尾。框高20.6厘米，寬13.8厘米。索書號YPT13-50。

卷二　經部

總類

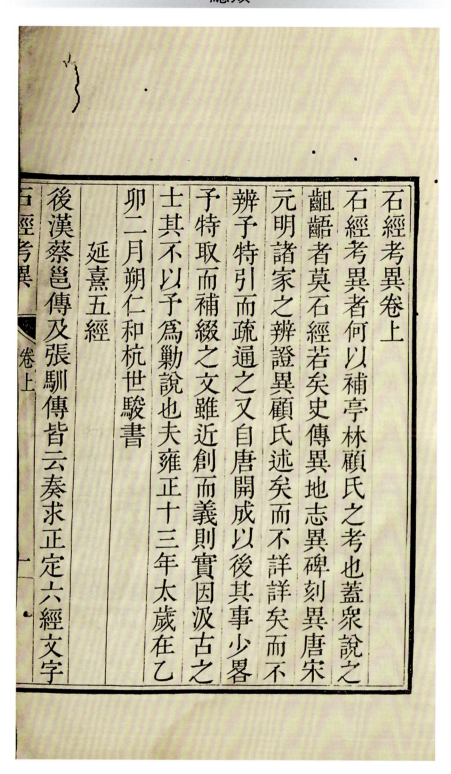

022 石經考異二卷

　　（清）杭世駿撰。清乾隆元年（1736）刻本。1 册。半葉十行十九字，白口，四周雙邊，單黑魚尾。框高 17.5 厘米，寬 13.8 厘米。索書號 YS13-33。

023 宋本十三經注疏附校勘記四百十六卷

（清）阮元撰校勘記。清光緒十三年（1887）脈望館石印本。32册。半葉二十行三十四字，小字雙行四十六字，白口，四周單邊，單黑魚尾。框高15.4厘米，寬11.7厘米。索書號YP8-22。

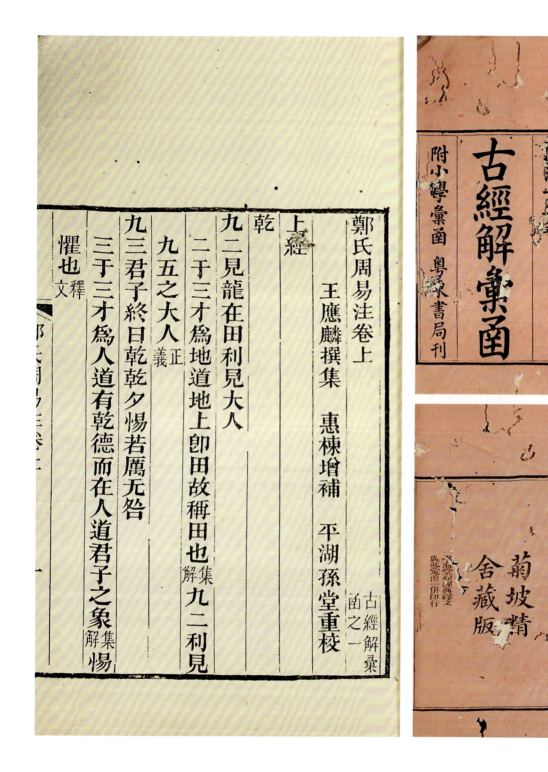

024 古經解彙函二十三種附小學彙函十四種

　　（清）鍾謙鈞輯。清同治十二年（1873）粵東書局刊本。66 册。半葉十行二十一字，白口，左右雙邊，單黑魚尾。框高 18.2 厘米，寬 13.7 厘米。購於成都明月書店，定價貳拾貳元，有價簽。索書號 YP1-3。

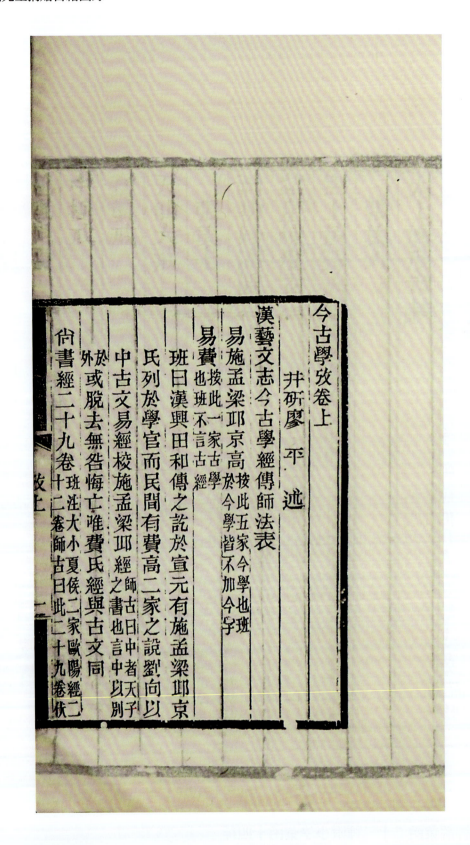

025 今古學考二卷

　　廖平撰。清光緒十二年（1886）成都刻《四益館經學叢書》本。2 冊。半葉十行二十字，粗黑口，左右雙邊，單黑魚尾。框高 13.6 厘米，寬 10.2 厘米。索書號 YP14-13。

書類

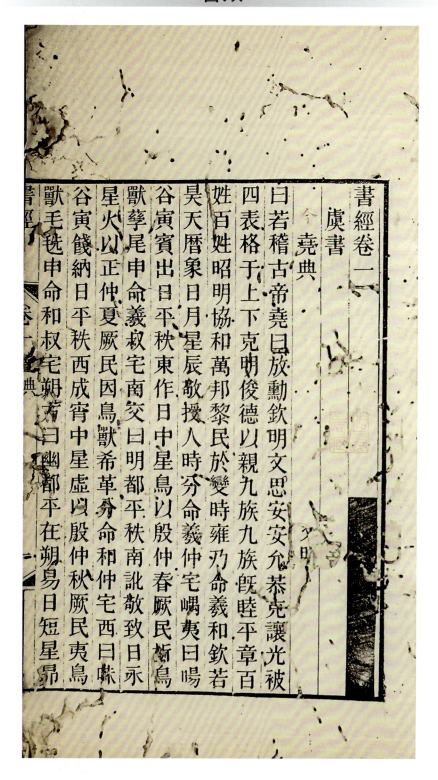

026 書經四卷

　　清刻本。1冊。半葉十二行二十一字，白口，左右雙邊，雙黑魚尾。框高18.7厘米，寬13.7厘米。鈐"桐風高藏"印記。索書號 YP2-29。

尚書古文疏證卷一

太原閻若璩百詩撰

平陰朱續晫近堂梓

第一

漢書儒林傳孔氏有古文尚書孔安國曰今文字讀

之因曰起其家逸書得十餘篇蓋尚書兹多於是矣

藝文志古文尚書者出孔子壁中武帝末魯共王壞

孔子宅得古文尚書及禮記論語孝經凡數十篇皆

古字孔安國者孔子後也悉得其書以考二十九篇

得多十六篇安國獻之遭巫蠱事未列於學官楚元

王傳魯恭王壞孔子宅欲曰爲宮而得古文於壞壁

之中逸禮有三十九書十六篇天漢之後孔安國獻

027 尚書古文疏證八卷附二卷

（清）閻若璩撰。清乾隆十年（1745）眷西堂刻本。8册。半葉十一行二十字，白口，左右雙邊，單黑魚尾。框高18.8厘米，寬14.8厘米。鈐"風月山房珍藏"印記。索書號YS2-108。

尚書後案卷十六

東吳王鳴盛學

周書

酒誥

王若曰〔釋文曰王若曰馬本作成王若曰〕

〔鄭曰〕成王言成道之王〔疏〕〔馬曰〕言成王者未聞也俗儒以爲成王骨節始成

故曰成王或曰以成王爲少成二聖之功生號曰成王沒因爲諡衞賈以爲

戒成康叔以慎酒成就人之道也故曰成此三者吾無取焉吾以爲後錄書

者加之未敢專從故曰未聞也〔文釋傳曰〕周公以成王命誥康叔順其事而言

之〔疏曰〕馬鄭王本以文涉三家而有成字鄭元云三家云王年長骨節成

立皆爲妄也

〔案曰〕鄭云成道之王者據疏則鄭馬王及歐陽大小夏矦三家皆作成王若

曰據釋文所引馬注則衞宏賈逵亦有成字此漢學也馬謂是後錄書者加

之蓋以成是諡故云然鄭以爲成道之王則鄭意以當時號爲成王如湯稱

028 尚書後案三十卷後辨一卷

（清）王鳴盛撰。清乾隆四十五年（1780）東吳王氏禮堂刻本。8 冊。半葉十四行三十字，白口，四周單邊，單黑魚尾。框高 23.3 厘米，寬 15.8 厘米。鈐"留讀草廬藏本"印記。1956 年 2 月 14 日購於成都明月書局，壹元貳角，有發票。索書號 YS2-111。

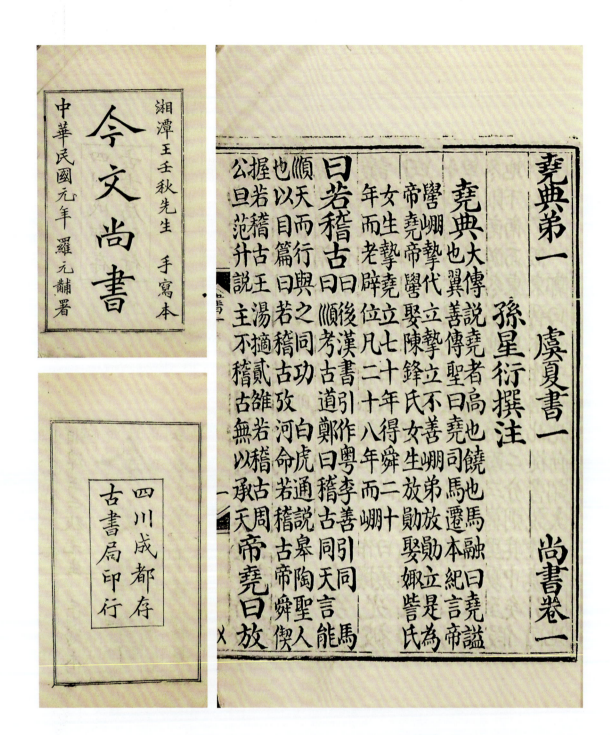

029 尚書今古文注三十卷

（清）孫星衍撰。清光緒五年（1879）四川總督丁寶楨刻民國元年成都存古書局印本。2册。半葉八行十七字，白口，四周雙邊，雙黑魚尾。框高 19.7 厘米，寬 14.3 厘米。索書號 YP13-58。

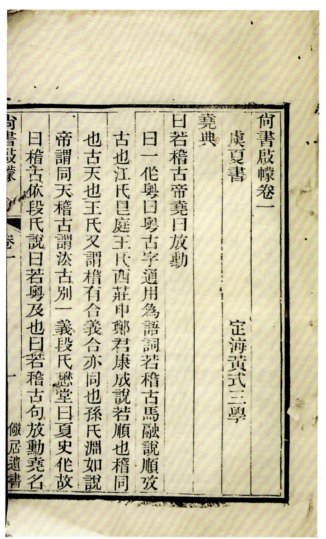

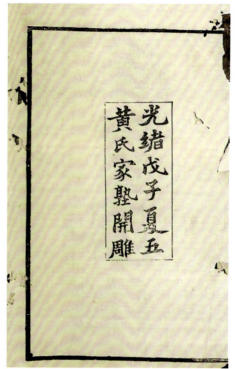

030 尚書啟蒙五卷

　　（清）黃式三撰。清光緒十四年（1888）黃氏家塾刻《儆居遺書》本。4 冊。半葉九行二十二字，白口，四周雙邊，單黑魚尾。框高 17.8 厘米，寬 13.1 厘米。索書號 YP13-9。

詩類

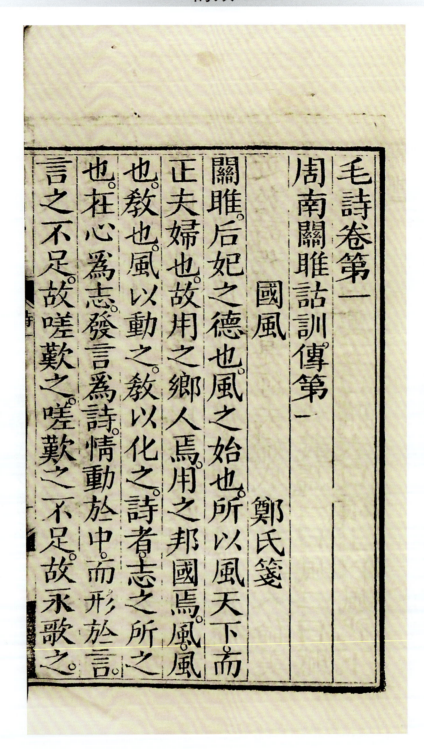

031 毛詩二十卷

（漢）鄭玄箋。清末成都尊經書院翻刻《相臺五經》民國間存古書局印本，佚名批校。4 册。半葉八行十七字，黑口，四周雙邊，雙黑魚尾。框高 19.7 厘米，寬 13.4 厘米。鈐"成都存古書局經售書籍圖記"印記。索書號 YPT13-106。

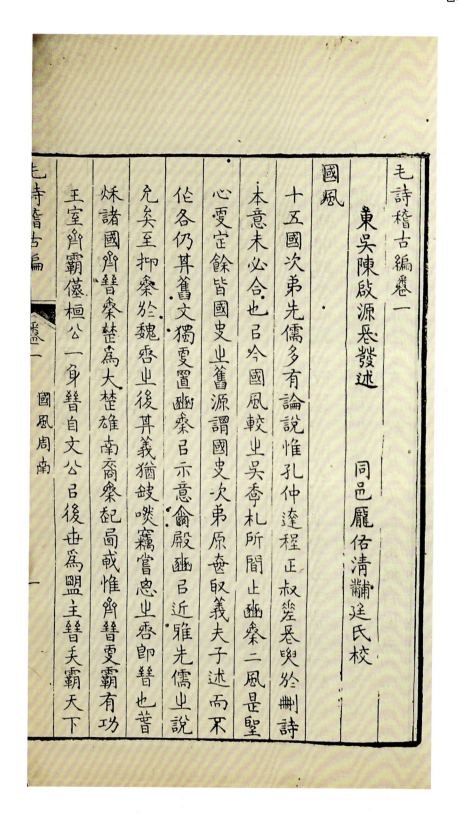

032 毛詩稽古編三十卷附考一卷

（清）陳啟源撰。清嘉慶十八年（1813）刻本。8 冊。半葉十行二十五字，白口，左右雙邊，單黑魚尾。框高 21.1 厘米，寬 14.7 厘米。1957 年 8 月 21 日購於公私合營成都古籍書店，肆元捌角，有發票。索書號 YP1-30。

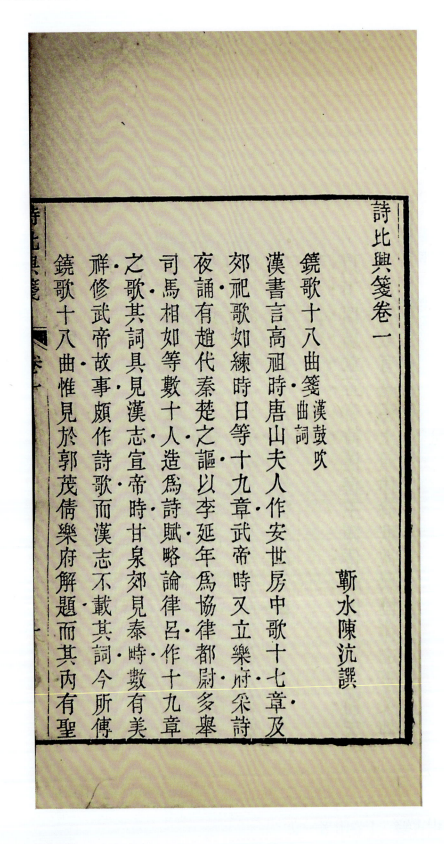

033 詩比興箋四卷

（清）陳沆撰。清光緒九年（1883）長洲彭祖賢武昌刻本。2 冊。半葉十行二十二字，白口，左右雙邊，單黑魚尾。框高 17.8 厘米，寬 12.6 厘米。索書號 YP8-48。

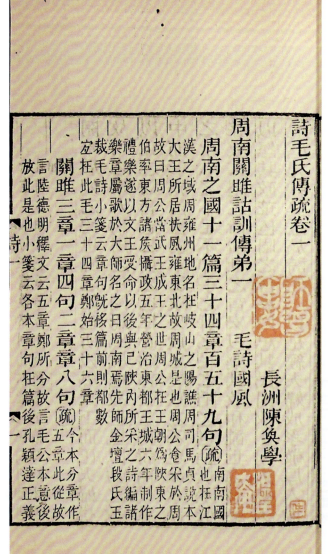

034 詩毛氏傳疏三十卷釋毛詩音四卷毛詩説一卷毛詩傳義類一卷鄭氏箋考徵一卷

（清）陳奐撰。清光緒九年（1883）上海校經山房刻本。12冊。半葉十行二十一字，黑口，左右雙邊，雙黑魚尾。框高16.9厘米，寬13.3厘米。鈐“上海校經山房成記督造書籍”“任庵”“温任庵”“師曾廙”等印記。索書號YP2-93。

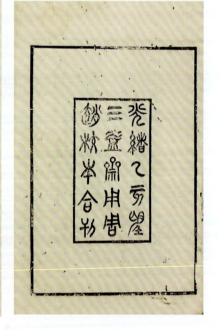

而不入其謀貧焉故也詩曰夙夜在公寔命不同

本堂當務爲急傳云不逢時而仕任事而敦其慮爲之使

時宗案矯字疑誤當爲蹻蹻擔簦之蹻蹻草履也趙

本作橋[校語]橋本或作矯古通用今從毛本通津草

與語仁窘其身而約其親者不可與語孝任重道遠者

不擇地而息家貧親老者不擇官而仕故君子矯褐趨

之時曾子重其身而輕其祿懷其寶而迷其國者不可

身親没之後齊迎以相楚迎以令尹晉迎以上卿方是

曾子仕於莒得粟三秉方是之時曾子重其祿而輕其

　　　　　　　　　　　　　　　　　　　　新安周廷寀校注

　　　漢燕人韓嬰著 據趙本補

韓詩外傳卷第一

―韓詩外傳卷一　　　　　　　　　　　　　　　　　　　　　　　望三益齋

035 韓詩外傳十卷

　　（漢）韓嬰撰（清）周廷寀校注。清光緒元年（1875）望三益齋刻本。4 册，半葉十行二十一字，白口，左右雙邊，單黑魚尾。框高 18.5 厘米，寬 13 厘米。索書號 YP2-17。

詩古微上編之一

齊魯韓毛異同論上

邵陽魏源撰

漢興詩始萌芽齊魯韓三家盛行毛最後出未立博士益

自東京中葉以前博士弟子所誦習朝野羣儒所稱引咸

于是乎在與施孟梁邱之易歐陽夏侯之書公羊穀梁之

春秋並旁薄世宙者幾四百年末造而古文之學漸與力

劇博士今文之學然蕭宗令賈逵撰齊魯韓毛異同．六朝

崔靈恩作毛詩集注皆兼采三家使其書並傳切關六義．

羽翼四始詎不羣燎之燭長夜眾造之證疑獄也哉鄭康

詩古微　　上編之一　　齊魯韓毛異同　一

036 詩古微十五卷首一卷

（清）魏源撰。清光緒十三年（1887）梁溪浦氏重刻本。12 冊。半葉十行二十二字，白口，左右雙邊，單黑魚尾。框高 17.8 厘米，寬 13.2 厘米。索書號 YP13-108。

禮類

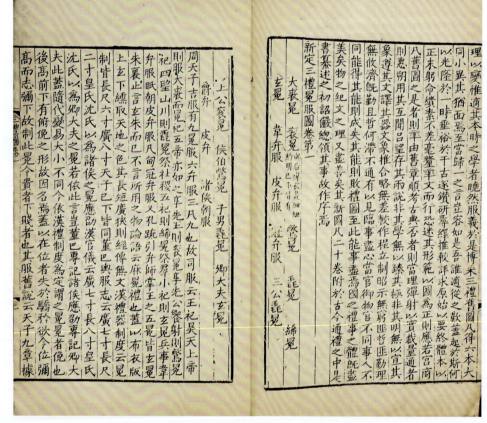

037 新定三禮圖二十卷

　　（宋）聶崇義集注。清同治十二年（1873）粵東書局刻《通志堂經解》本。2冊。半葉十四行二十六字，白口，左右雙邊，雙黑魚尾。框高21.7厘米，寬14.5厘米。索書號YP13-47。

春秋類

賈服註輯述　卷一

春秋左氏傳賈服註輯述卷一

　　　　　　　　嘉興李貽德學

春秋　賈曰取法陰陽之中春爲陽中萬物以生秋爲陰中萬物
以成欲使人君動作不失中也周禮盡在魯矣史法最備故史記
與周禮同名本　疏
案爾雅釋詁法常也周禮冢宰以八灋治官府太宰之職敘鄭
注常所守以為灋式也陰陽之中即下所指春秋也春爲陽中
萬物以生秋爲陰中萬物以成者漢書律歷志文志云向子歆
察其微眇作三統歷及譜以說春秋推法密要故述焉夫歷春
秋者天時也列人事而目以天時傳曰民受天地之中以生所

038 春秋左氏傳賈服注輯述二十卷

（清）李貽德撰。清同治五年（1866）刻本。6 冊。半葉十行二十五字，白口，左右雙邊，單黑魚尾。框高 18.1 厘米，寬 13.5 厘米。索書號 YP2-42。

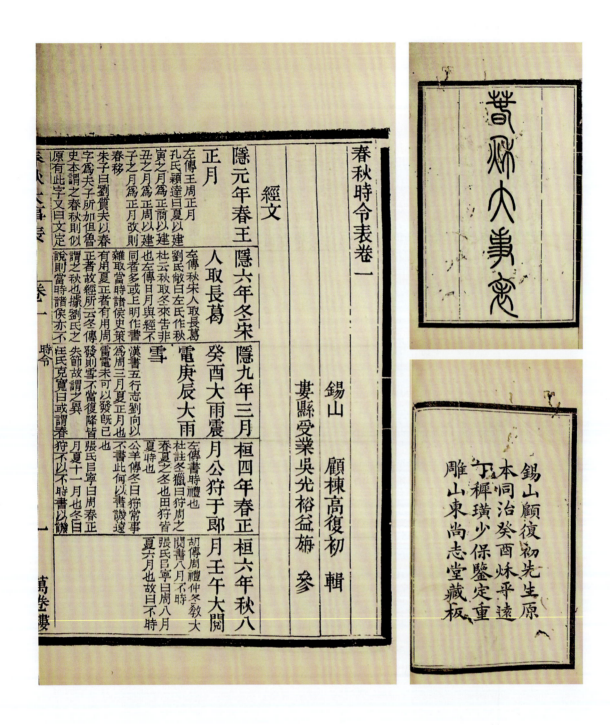

039 春秋大事表五十卷輿圖一卷附録一卷

（清）顧棟高輯。清同治十二年（1873）山東尚志堂刻本。20 册。半葉十一行二十五字，白口，四周雙邊。框高 21.3 厘米，寬 15.2 厘米。索書號 YP2–120。

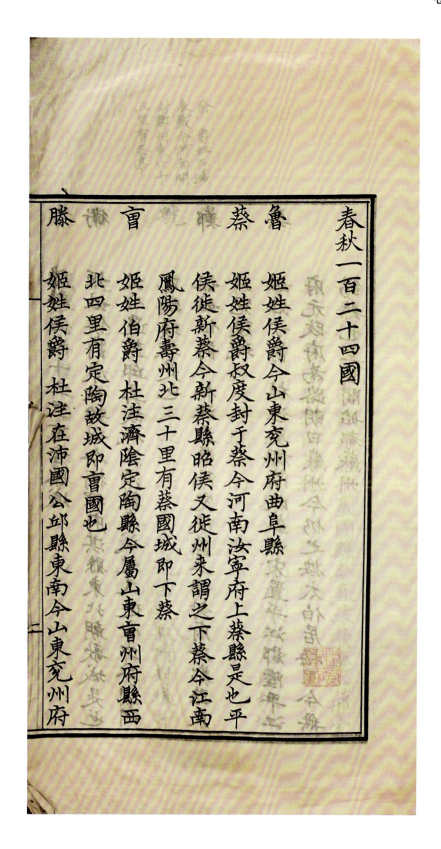

040 春秋一百二十四國一卷

　　清末民初傳抄道光七年（1827）南海曾釗稿本。1 冊。半葉九行二十四字，白口，四周雙邊。框高 20.9 厘米，寬 13.5 厘米。鈐"桐風高藏""武昌徐氏"印記。索書號 YS14-15。

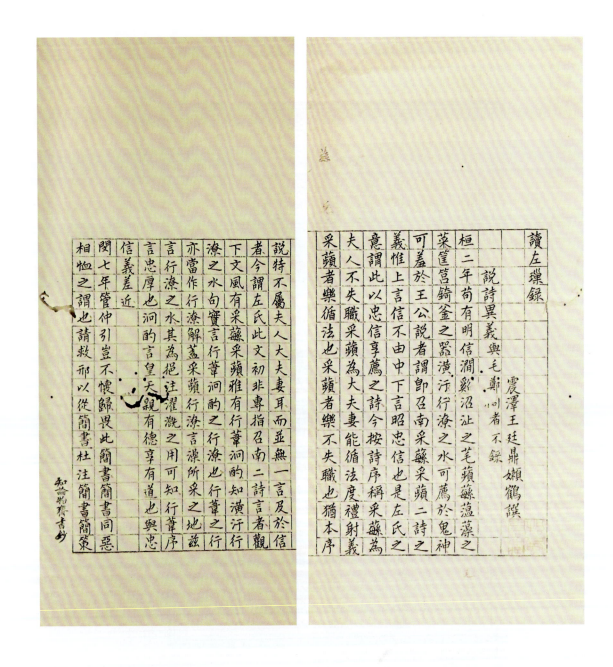

041 讀左瑑録一卷

（清）王廷鼎撰。清末民初武昌徐行可知論物齋鈔本。1冊。半葉十行十八字，白口，四周單邊。框高12.8厘米，寬9.7厘米。鈐"桐風喬藏""是古東塾"印記。索書號YS13-169。

春秋繁露卷一

史記上大夫董仲舒推春秋頗著文焉

索隱曰繁露逸周書王會解天子南面

立絻無繁露注云繁露冕旒之所垂綴玉而下垂如

問崔豹冕旒以繁露者何答曰前漢董仲舒作春秋繁

露也西京雜記董仲舒夢蛟龍入懷乃作春秋繁

露詞周禮大司樂賈公彥疏前漢董仲舒作春秋繁

繁露繁多潤為春秋作義比處多之玉象如牛亨

董仲舒春秋繁露以屬辭比事有連貫多之玉象焉云春秋繁

漢廣川董仲舒撰

江都凌曙注

楚莊王第一
他本皆無之然則為潘氏篇著無第一楚徐彥云在廣南曰

楚莊王殺陳夏徵舒春秋貶其文不予專討也楚子熊

郡枝之始國也括地志云歸州巴東縣東南歸故城十一年

繹之始國也周本紀注帝舜後遏父為周武王陶正楚

王賴其器用封其子嫣滿于陳側邱人何貶也雖內貶

經楚人殺陳夏徵舒此楚子也因其討陳而文不與外討

不與不外與討也曷為不與外討者實與而文不與文

討亦不外與討也曷為不與外討實與而文不與文曷為不與諸

042 春秋繁露十七卷

（漢）董仲舒撰（清）凌曙注。清嘉慶二十年（1815）蜚雲閣刻本。4 册。半葉十行二十一字，白口，左右雙邊，單黑魚尾。框高 18.2 厘米，寬 13.5 厘米。1956 年 6 月 2 日購於成都方淑貞書畫店，壹元，有發票。索書號 YP2-81。

爾雅類

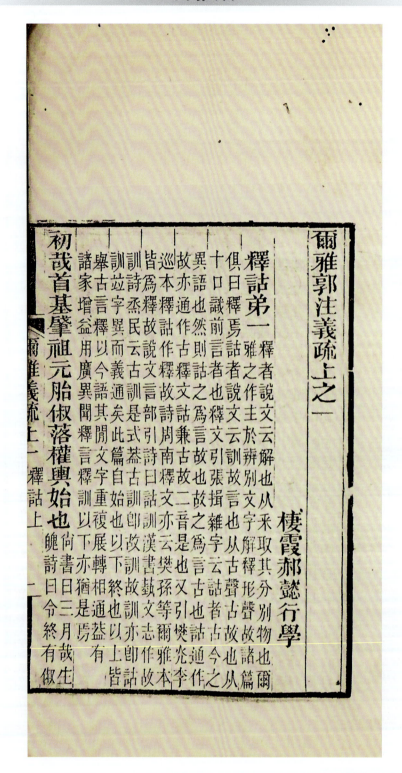

043 爾雅郭注義疏二十卷

（晉）郭璞注（清）郝懿行疏。清光緒十三年（1887）湖北官書處刻本。8 冊。半葉九行二十一字，黑口，左右雙邊，單黑魚尾。框高 18.3 厘米，寬 13.1 厘米。索書號 YP13-104。

小學類

説文之屬

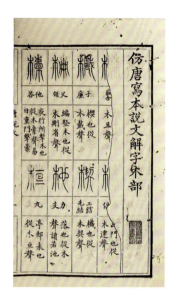

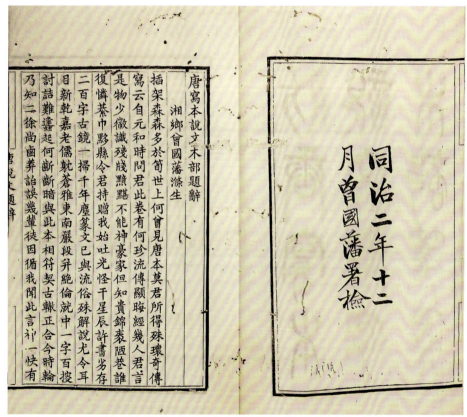

044 唐寫本説文解字木部箋異一卷

（清）莫友芝撰。清同治二年獨山莫氏刻《影山草堂六種》本。1冊。半葉五行字數不
等，白口，四周雙邊。框高21.8厘米，寬13.5厘米。索書號YP2-43。

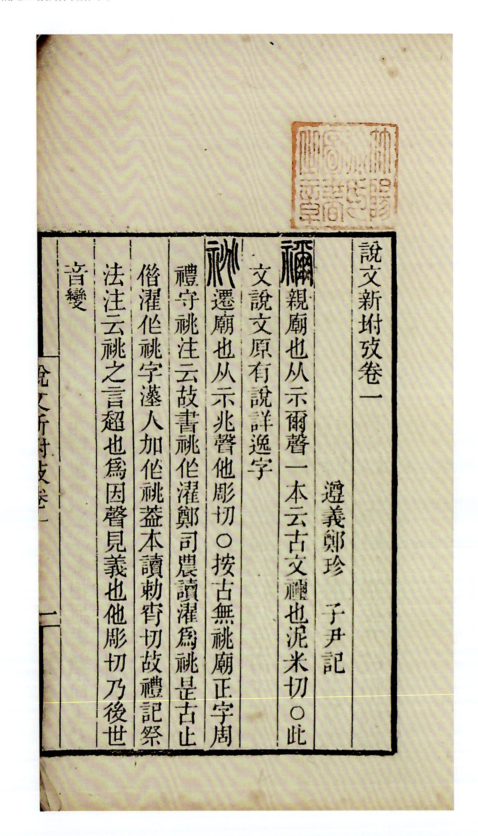

045 説文新附考六卷

（清）鄭珍撰。清光緒七年（1881）刻本。2 册。半葉九行二十一字，黑口，四周單邊。框高 13.6 厘米，寬 9.6 厘米。鈐"竹陽徐氏圖書之章"印記。索書號 YP13-70。

046 說文逸字辨證二卷

（清）李楨撰。清光緒十一年（1885）畹蘭室刻本。2冊。半葉九行二十二字，上白口，下黑口，四周雙邊，單黑魚尾。框高 18.7 厘米，寬 12.7 厘米。索書號 YP13-121。

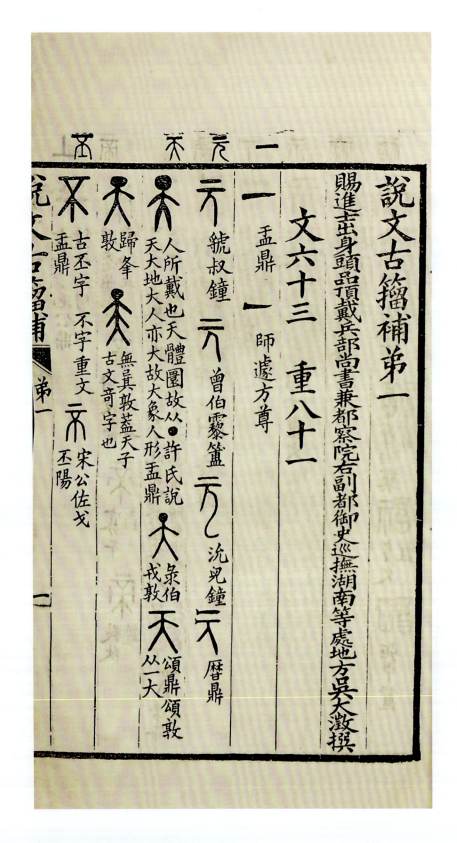

047 説文古籀補十四卷補遺一卷附録一卷

　（清）吴大澂撰。清光緒二十四年（1898）刻本。2册。半葉八行字數不等，白口，四周單邊，單黑魚尾。框高 18.6 厘米，寬 12.6 厘米。索書號 YP13-101。

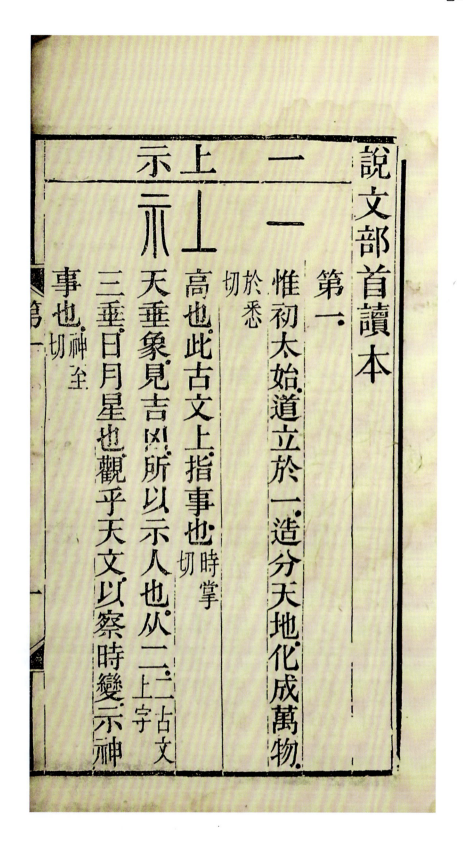

048 說文部首讀本十四卷

（清）嘯雲主人編。清末武昌嘯雲書室刻本。1冊。半葉八行二十字，黑口，左右雙邊，雙黑魚尾。框高 19.1 厘米，寬 11.4 厘米。索書號 YP14-12。

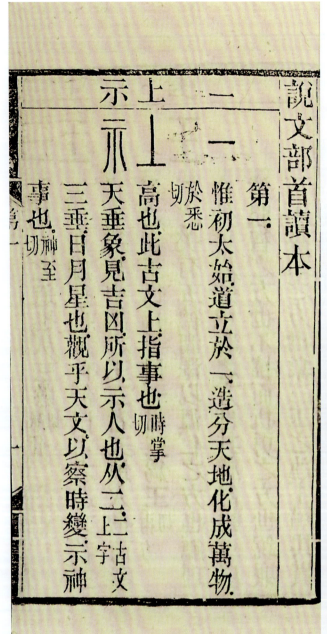

049 説文部首讀本十四卷

　　清末民初湖北武昌書局校刻本。1册。半葉八行二十字，粗黑口，左右雙邊，雙黑魚尾。框高 19.2 厘米，寬 11.4 厘米。索書號 YP14-19。

文字之屬

050 汗簡箋正八卷

（宋）郭忠恕撰（清）鄭珍箋正。清光緒十五年（1889）廣雅書局刻朱印本。4 冊。半葉七行字數不等，粗黑口，四周單邊，單黑魚尾。框高 21 厘米，寬 15.3 厘米。索書號 YS13-147。

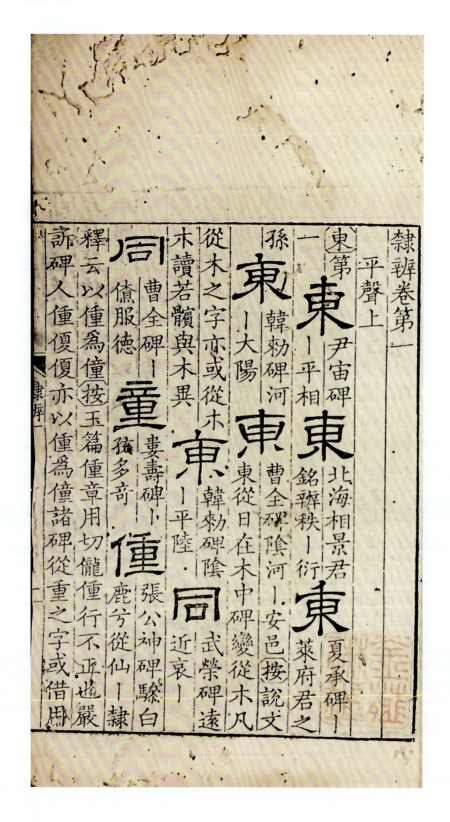

051 隸辨八卷

　　（清）顧藹吉撰。清乾隆八年（1743）天都黄晟刻本。8册。半葉十二行二十字，白口，四周單邊，單黑魚尾。框高 18.6 厘米，寬 14.5 厘米。鈐"金薤琳瑯"印記。索書號 YS2-62。

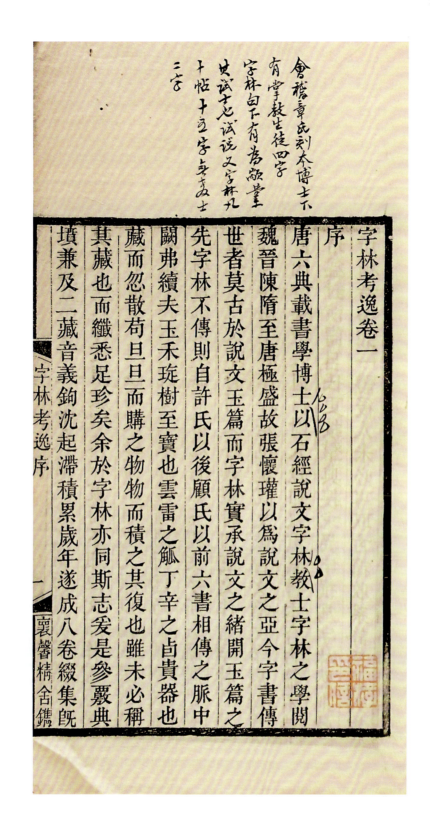

052 字林考逸八卷附録一卷補遺一卷説郛字林附録一卷校誤一卷

（清）任大椿輯，補遺（清）陶方琦輯，龔道耕補訂。清光緒二十三年（1897）成都龔氏襄馨精舍刻本，佚名批校。4册。半葉十行二十二字，黑口，四周單邊，雙黑魚尾。框高17.8厘米，寬12.6厘米。鈐“福將印信”印記。索書號 YPT13-35。

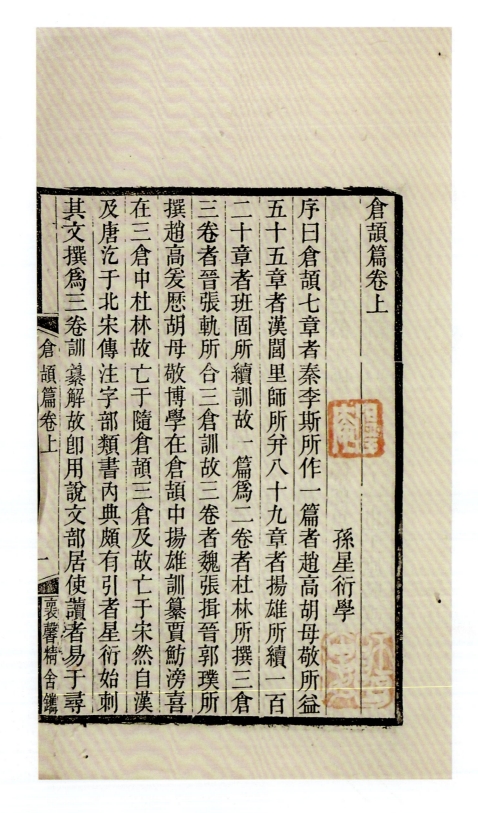

053 倉頡篇三卷續本一卷補本二卷續補一卷

　　（清）孫星衍輯，任大椿續輯，陶方琦補輯，龔道耕續補輯。清光緒二十三年（1897）成都龔氏襄馨精舍刻本。2册。半葉十行二十二字，黑口，四周單邊，雙黑魚尾。框高18厘米，寬12.8厘米。鈐"師曾廛""温任庵"印記。索書號 YP13-34。

名原上　　　　　　　　　　　　　　　　　　　孫詒讓記

原始數名弟一

說文解字五百四十部託始於一其說解云惟初大極道立於
造分天地化成萬物益文字生於形而書契之作上原卦畫下代
結繩又以紀數爲尤重合形數以紀物由一而孳爲萬一者象數
之權興而書名之原始也今綜攷古文知龤名形最簡易而義實
通毋倉沮字例斯其肇耑矣

一　二　三　亖　五　八　七　八

說文部篆引書也形學之始由敳點引而成線故古文自一至三
咸以積畫成形卽鄭君六藝論云伏羲之敎十言之初祖亦積畫也
線至五爲天地之中數則從二而午交其中然亦四直線也至六
則寙甲文皆作八又由絫而反於簡故由平線變爲弧曲線弯隆
下覆略爲半圜之形此殆倉沮初制最簡古文之僅存者至七甲
文作屮或作屮則以平線與曲線互相拘絞寘承五而小變之八
之爲八則以曲線分列爲二又承六而小變之九金文作 鼎或

054 名原二卷

　　（清）孫詒讓撰。清光緒三十一年（1905）瑞安孫氏刻本。1册。半葉十五行二十五字，
黑口，左右雙邊。框高 23.6 厘米，寬 16.8 厘米。鈐“陶世傑印”印記。索書號 YP2-7。

音韻之屬

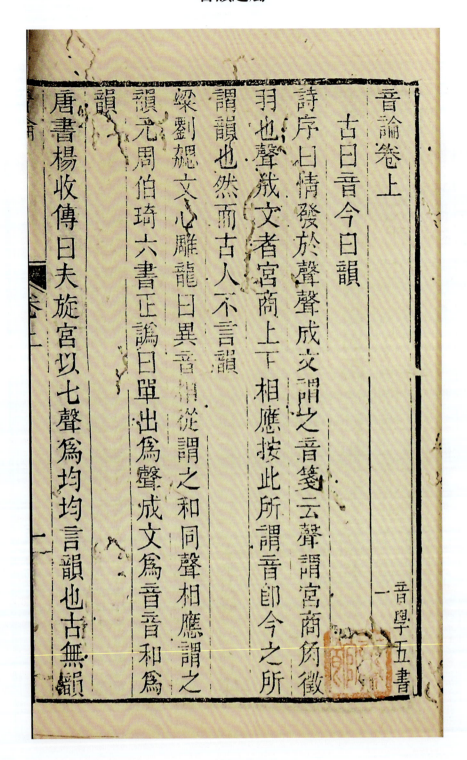

055 顧氏音學五書三十八卷

（清）顧炎武撰。清光緒十六年（1890）思賢講舍刻本。10 冊。半葉九行二十一字，上白口，下黑口，左右雙邊，單黑魚尾。框高 20.1 厘米，寬 13.2 厘米。鈐"古藤館""温氏所藏"印記。索書號 YP2-100。

訓詁之屬

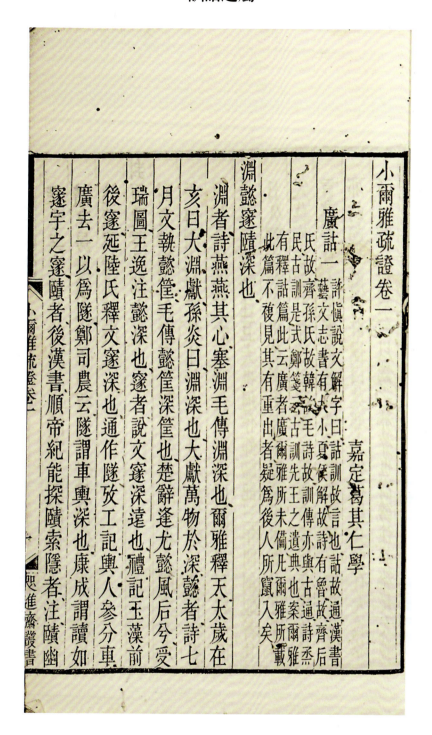

056 小爾雅疏證五卷

　　（漢）孔鮒撰（清）葛其仁疏證。清光緒九年（1883）歸安姚氏刻《咫進齋叢書》本。
1 冊。半葉十三行二十二字，上黑口，下白口，左右雙邊，雙黑魚尾。框高 18.1 厘米，寬
13.5 厘米。鈐"陳紹賢珍秘章"印記。1954 年 3 月 14 日購於成都名欽書店，貳仟元，有發
票。索書號 YP2-38。

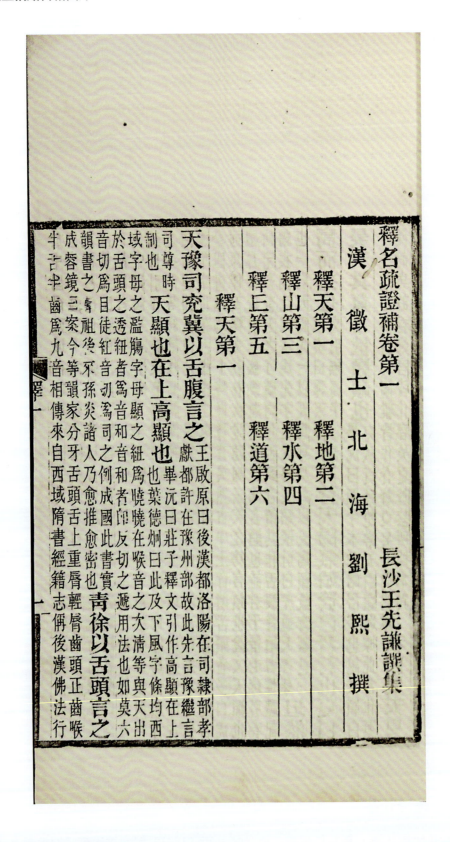

057 釋名疏證補八卷續一卷補遺一卷附一卷

（清）王先謙撰集。清光緒二十二年（1896）刻本。3 冊。半葉十一行二十四字，黑口，左右雙邊，單黑魚尾。框高 18 厘米，寬 13.6 厘米。索書號 YP13-148。

廣雅疏證卷第一上

高郵王念孫學

釋詁

古昚先創方作造朔萌芽本根蘖甡蕁昌孟鼻業始也

也作者魯頌駉篇思馬斯作毛傳云作始也又作與之言乍相對夷成水退言始乿民乃粒萬邦既道又云禹作來皆以爲字代之於文義秌道云矣夢篇引伊訓云天誅紀相對成文又言始高誘注呂氏本造春秋大樂宮盤庚朔云造之者始也萌芽謂之義擘並閒也與顙同木之蘖者由方言蘖米謂之始生謂之蘖並閒也蘖者方言蘖律謂之始蘖律炎與萆通說文犖義姈始姈即閒也從戶律故始亦謂之方而義同凡事之始卽爲事之法故始亦謂之方亦謂之近

058 廣雅疏證十卷

（清）王念孫撰。清光緒五年（1879）淮南書局刻本。8冊。半葉十行二十一字，白口，左右雙邊，單黑魚尾。框高 20.2 厘米，寬 15.4 厘米。索書號 YP2-33。

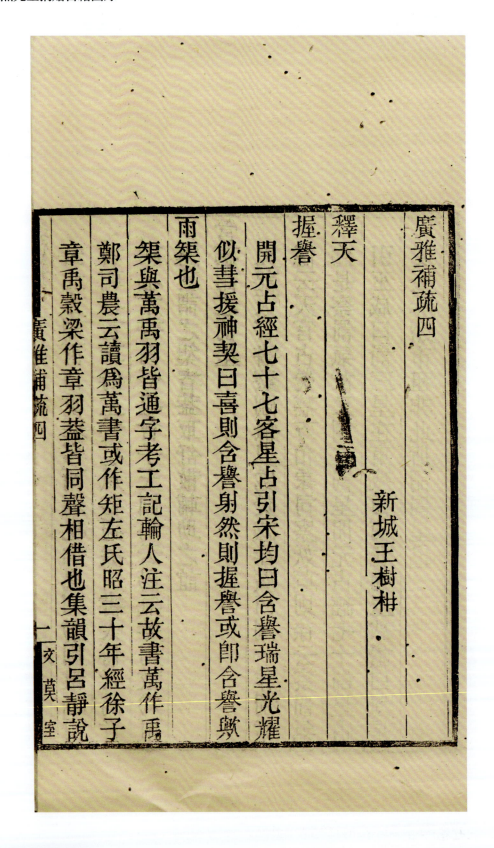

廣雅補疏四

釋天　　　　　　新城王樹柟

握譽

開元占經七十七客星占引宋均曰含譽瑞星光耀
似彗援神契曰喜則含譽躬然則握譽或卽含譽歟

雨榘也

榘與萬禹羽皆通字考工記輪人注云故書萬作禹
鄭司農云讀爲萬書或作矩左氏昭三十年經徐子
章禹穀梁作章羽蓋皆同聲相借也集韻引呂靜說

廣雅補疏四

一　文莫室

059 廣雅補疏四卷

（清）王樹柟撰。清光緒十六年（1890）新城王樹柟資陽文莫室刻《陶廬叢刻》本。
1 冊。半葉十行二十一字，黑口，左右雙邊。框高 18.2 厘米，寬 14.7 厘米。索書號 YP2-20。

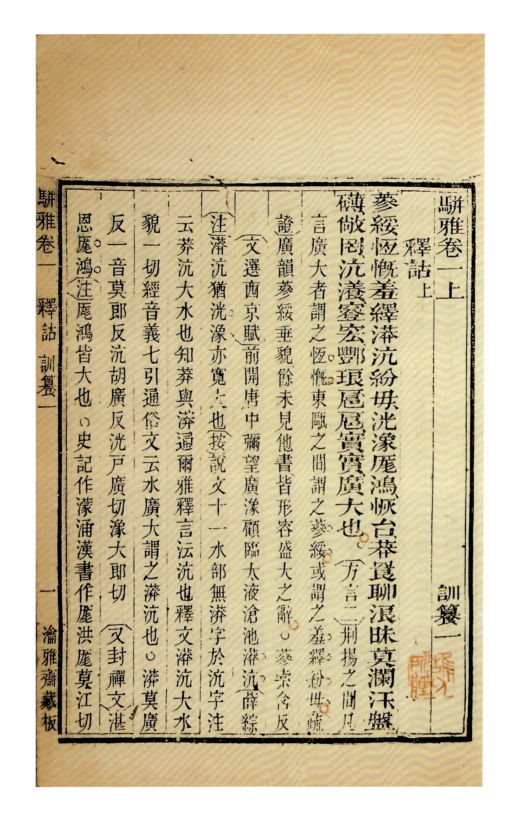

060 駢雅七卷序目一卷駢雅訓纂十六卷

　　（明）朱謀㙔撰（清）魏茂林訓纂。清光緒七年（1881）成都瀹雅齋刻本。8 冊。半葉十二行二十五字，白口，四周雙邊。框高 19.9 厘米，寬 15.3 厘米。鈐“李鶴人印”“雒人所藏”印記。索書號 YP8-13。

文法之屬

經傳釋詞卷一

高郵王引之

與

鄭注禮記檀弓曰與及也常語也、與猶以也易繫辭傳曰是故可與酬酢可與祐神矣言可以酬酢可以祐神也禮記檀弓曰殷人殯於兩楹之閒則與賓主夾之也言以賓主夾之也玉藻曰大夫有所往必與公士爲賓也言必以公士爲擯也上見文中庸所往必與公士爲賓也言必以公士爲擯也可與入德矣言可以日知遠之近知風之自知微之顯可與入德也入德也論語陽貨篇曰鄙夫可與事君也與哉言不可

061 經傳釋詞十卷經傳釋詞補一卷

（清）王引之撰，孫經世補。清同治七年（1868）成都書局刻本。4 册。半葉十行二十一字，白口，左右雙邊，單黑魚尾。框高 18 厘米，寬 13.6 厘米。索書號 YP13-48。

叢編之屬

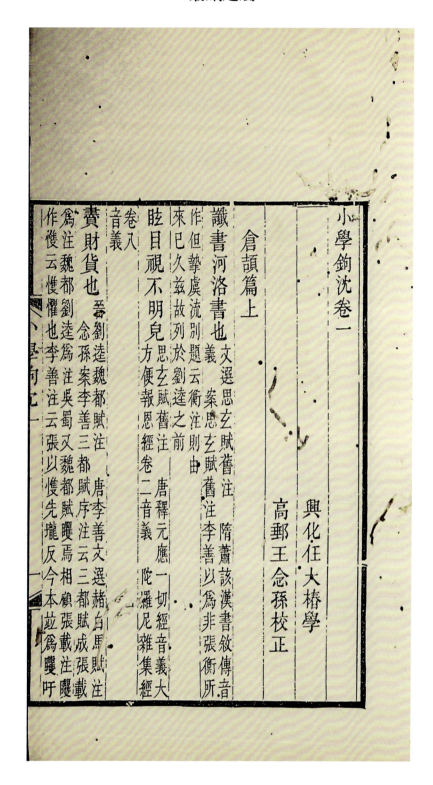

062 小學鉤沉十九卷

　　（清）任大椿撰，王念孫、王引之校正。清光緒十年（1884）龍氏刻本。4 冊。半葉十行二十二字，黑口，左右雙邊，雙黑魚尾。框高 18.4 厘米，寬 12.6 厘米。索書號 YP2-66。

卷三　史部

正史（紀傳）類

陳勝項籍傳第一　服虔曰傳次其時之先後耳不以贅智功之大小也師古曰雖次時之先後亦以事類相從如江充息夫躬與蒯通同傳嚴助與賈捐之同傳賈山與路溫舒同傳之類是也

漢
蘭臺令史班固撰
唐正議大夫行祕書少監瑯邪縣開國子顏師古注
賜進士出身誥授通奉大夫前翰林院編修國子監祭酒王先謙補注
漢書三十一

陳勝字涉陽城人　師古曰地理志屬汝南郡補注錢大昕曰潁川汝南潁川皆有城陽之陽城在今河南府登封縣東南三十五里則是潁川之城陽補注齊召南曰汝南潁川皆有城陽

吳廣字叔陽夏人也　工師古曰地理反補注先謙曰秦時無音直

陳勝少時嘗與人傭耕　師古曰與人俱為人傭耕也傭受其雇直

輟耕之壟上　師古曰輟止也之往也壟上謂田中之高處

悵然甚久曰　荷

苟富貴無相忘　問彼此皆不相忘也

傭者笑而應曰若為傭耕何

富貴也勝太息曰嗟乎燕雀安知鴻鵠之志哉　師古曰鴻大鳥也一水居鵠黃鵠也

063 漢書補注一百卷首一卷

（清）王先謙補注。清光緒二十六年（1900）長沙王先謙虛受堂刻本。32冊。半葉十二行二十五字，白口，左右雙邊，單黑魚尾。框高20.5厘米，寬15.4厘米。鈐"徐弢諺藏閱書""桐風高繡尌延錄之書""可矜藏書"印記。索書號YP1-50。

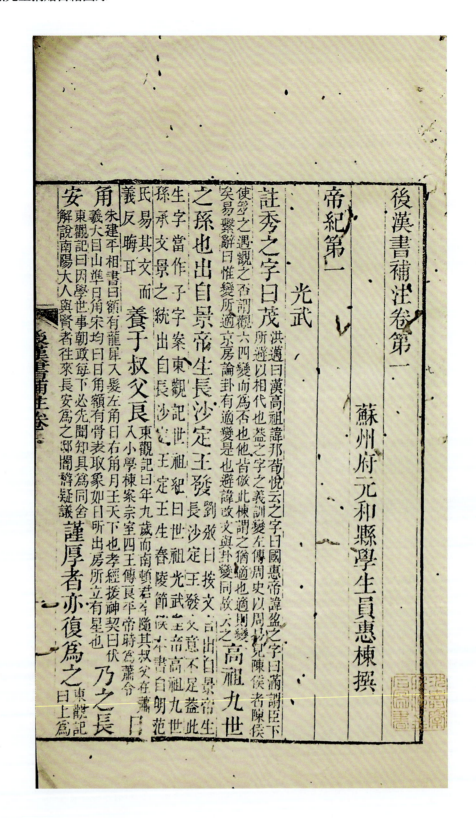

064 後漢書補注二十四卷

（清）惠棟撰。清嘉慶九年（1804）德裕堂刻本，沈壽榕題記。4册。半葉十一行二十三字，白口，左右雙邊，單黑魚尾。框高 20.9 厘米，寬 15 厘米。鈐"沈壽榕所藏金石圖書"印記。索書號 YPT1-45。

杂史類

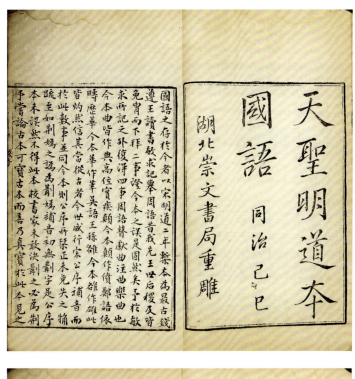

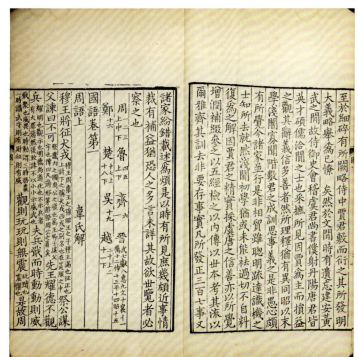

065 天聖明道本國語二十一卷考異四卷

（三國吳）韋昭解（清）汪遠孫考異。清同治八年（1869）湖北崇文書局重刻本。5 冊。半葉十一行二十字，白口，左右雙邊，單黑魚尾。框高 20.5 厘米，寬 14.2 厘米。鈐"漢口東壁垣選辦各直省官書局並家藏一切善本書籍發兌"印記。索書號 YP8-54。

補音卷弟一

周語上

周語上弟一

杜預世族譜云黃帝之苗裔姬姓后稷之後封於邰及衰稷子不窋失職竄於戎狄之間至十殷二代而有天下至幽王前爲犬戎逼遷岐至孫文王受命武王克殷段平王東遷乃居王城序今其按舊世系音始末國甚詳它皆倣此名

注之稱後今證凡在今注者並在注字舊音以別之分後放此正文與此祭

公公莊之界反後周謀父音甫父經史以尼二字之通用音但音別有此例

以古多借父所父子之爲美之稱伯經史父以尼二字之通用但音說文別音耳甫舊字

但音多用然多易曉淺今俗今甚稽古舊音以據先異字音則雖無嫌如但音故

自餘音漏音及引傷曉淺字不甚稽古率加反切並題曰補音

066 國語補音三卷

（宋）宋庠撰。清光緒二年（1876）成都尊經書院刻本。1 冊。半葉十行二十字，白口，左右雙邊，單黑魚尾。框高 18.6 厘米，寬 13.4 厘米。鈐“蜀都旌陽隴西郡彭氏好古堂珍藏之章”“家風五不欺”印記。索書號 YP8-59。

逸周書卷第一

晉孔晁注

度訓解第一

常訓解第三

糴匡解第五

命訓解第二

文酌解第四

度訓解第一

天生民而制其度注聖人爲制法度度小大以正權輕重以極明本末以立中注制法度所以立中正中以補損補損以知足注損益以中爲制故知足也□爵以明等極中也貴賤之等尊卑之中也極以正民正中外以成極中也注順其政教政命注內外正則大命成也正上下以順政注順其政教政以內□□□自邇彌興自遠邇彌備極終也□微補在□□分微在明注知精□□□微分理有明故明王是以

逸周書卷一

一

知服齋叢書

067 逸周書十卷

（晉）孔晁注。清光緒順德龍氏刻《知服齋叢書》本。2 冊。半葉十三行二十二字，黑口，左右雙邊，雙黑魚尾。框高 17.7 厘米，寬 13.8 厘米。鈐"曾歸徐氏彊諺"印記。索書號 YP2-84。

史钞類

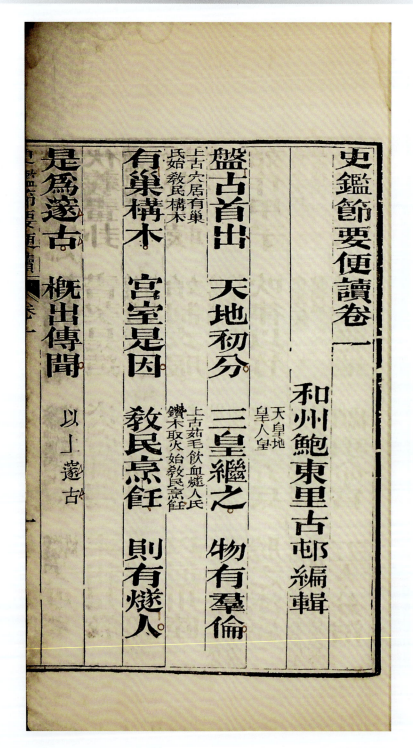

068 史鑑節要便讀六卷

　　（清）鮑東里撰。清光緒元年（1875）湖北崇文書局刻本。2 册。半葉八行二十字，上白口，下黑口，四周双邊，单黑魚尾。框高 21.3 厘米，寬 15.1 厘米。鈐"曾歸徐氏彊詅"印记。索書號 YP8-53。

史評類

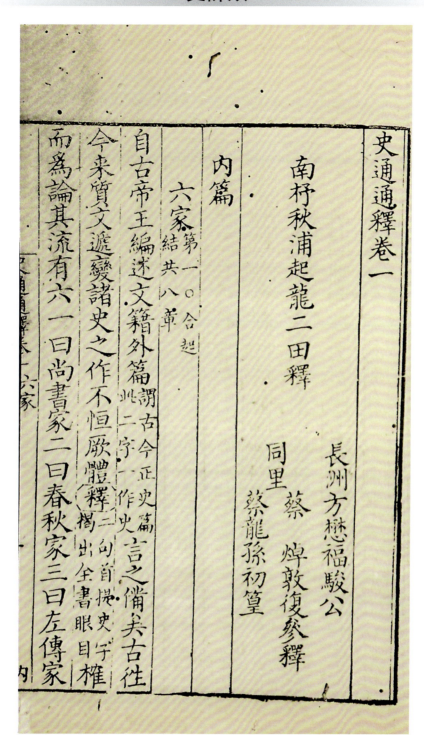

069 史通通釋二十卷

　　（唐）劉知幾撰（清）浦起龍釋。清乾隆十七年（1752）梁溪浦氏求放心齋刻本。8 冊。半葉九行二十二字，白口，左右雙邊。框高 19 厘米，寬 13.3 厘米。鈐"蕪湖沈鶴農氏收藏印""陸氏圖書"印記。索書號 YS1-36。

070 史通削繁四卷

（清）紀昀撰。清道光十三年（1833）兩廣節署刊翰墨園朱墨套印本。6 册。半葉十行二十一字，白口，左右雙邊，單黑魚尾。框高 18.4 厘米，寬 13.1 厘米。索書號 YS13-80。

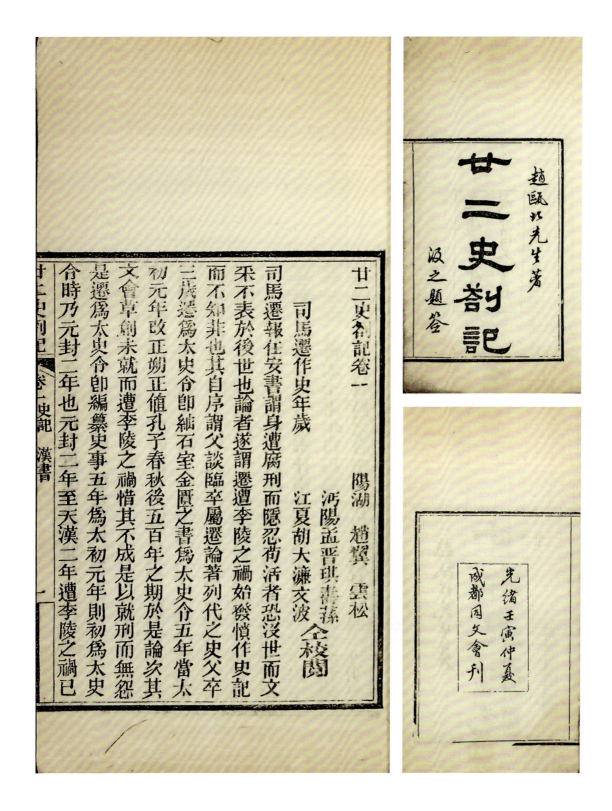

071 廿二史札記三十六卷補遺一卷

　　（清）趙翼撰。清光緒二十八年（1902）成都同文會刻本。14冊。半葉十一行二十三字，上白口，下黑口，四周雙邊，單黑魚尾。框高14.4厘米，寬11.1厘米。索書號YP13-168。

072 綱目通論一卷

　　（清）任兆麟撰。清乾隆四十六年（1781）同川書屋重刻本。1册。半葉十行十九字，粗黑口，左右雙邊，單黑魚尾。框高 17.1 厘米，寬 13.4 厘米。索書號 YS14–17。

傳記類

列女傳補注卷一

母儀傳

有虞二妃

福山王照圓

有虞二妃者帝堯之二女也長娥皇次女英舜父頑母
囂父號瞽叟弟曰象敖游於嫚舜能諧柔之承事瞽叟
以孝母憎舜而愛象舜猶內治靡有姦意四嶽薦之於
堯堯乃妻以二女以觀厥內二女承事舜於畎畝之中
不以天子之女故而驕盈怠嫚猶謙謙恭儉思盡婦道
瞽叟與象謀殺舜使塗廩舜歸告二女曰父母使我塗
廩我其往哉二女曰往哉舜既治廩乃捐階瞽叟焚廩舜

棄母姜嫄

棄母姜嫄者邰侯之女也當堯之時行見巨人迹好而

之性清靜專一好種稼穡及棄長而教之種樹桑麻棄
上飛鳥傴翼之姜嫄以為異乃收以歸因命曰棄姜嫄

073 列女傳補注八卷敘録一卷校正一卷

　　（漢）劉向撰（清）王照圓補注。清嘉慶十七年（1812）棲霞郝氏曬書堂刻光緒八年（1882）重印《郝氏遺書》本，民國二十四年（1935）華陽陳迹手校並題跋。4冊。半葉十行二十一字，白口，四周雙邊，單黑魚尾。框高18厘米，寬13.5厘米。鈐"志澤藏書""嶺南薛氏"印記。索書號YPT13-78。

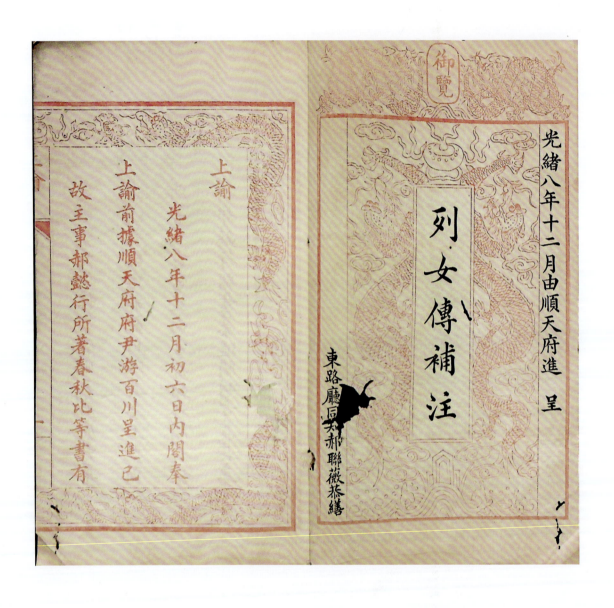

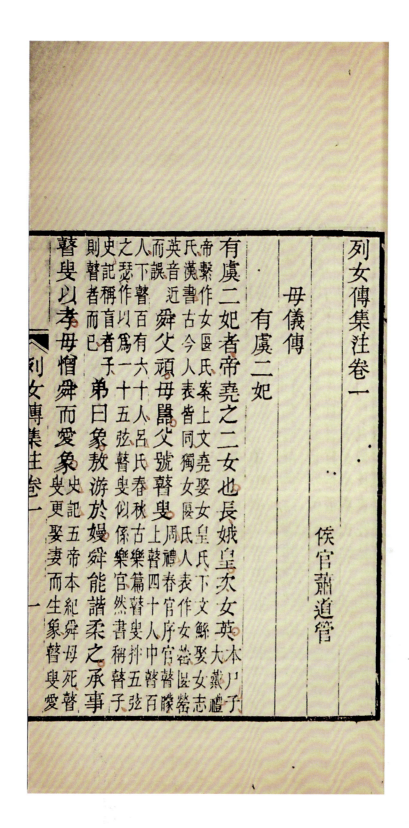

074 列女傳集注八卷補遺一卷

（漢）劉向撰（清）蕭道管集注。清光緒三十四年（1908）侯官陳衍刻本。4冊。半葉十行二十字，白口，左右雙邊，單黑魚尾。框高17厘米，寬12.5厘米。鈐"守元有室"印記。索書號YP13-77。

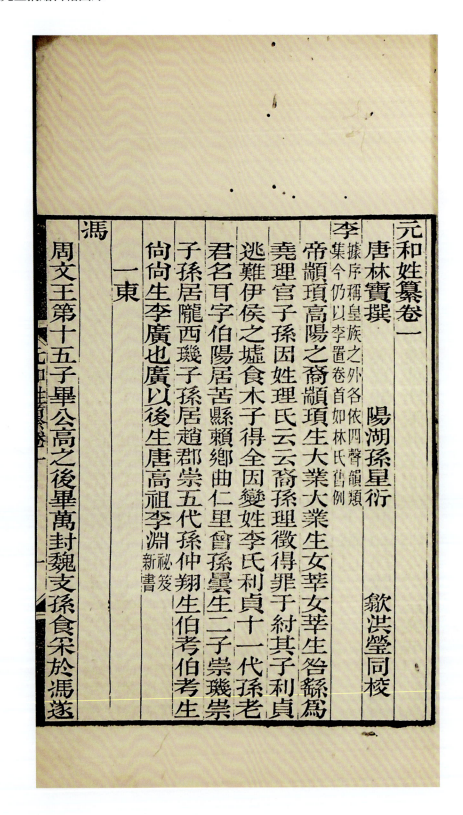

075 元和姓纂八卷

（唐）林寶撰（清）孫星衍、洪瑩校。清光緒六年（1880）金陵書局刻本。4 册。半葉十二行二十四字，黑口，左右雙邊，雙黑魚尾。框高 17.6 厘米，寬 14.3 厘米。索書號 YP1-9。

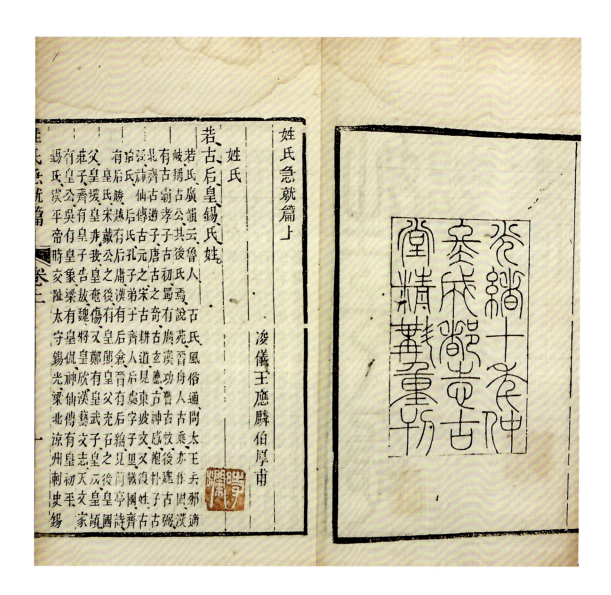

076 姓氏急就篇二卷

（宋）王應麟撰。清光緒十年（1884）成都志古堂刻本。2 冊。半葉十行二十字，白口，四周單邊，單黑魚尾。框高 15.7 厘米，寬 10.8 厘米。鈐"成都吳氏珍藏""時瀾"印記。索書號 YP13-71。

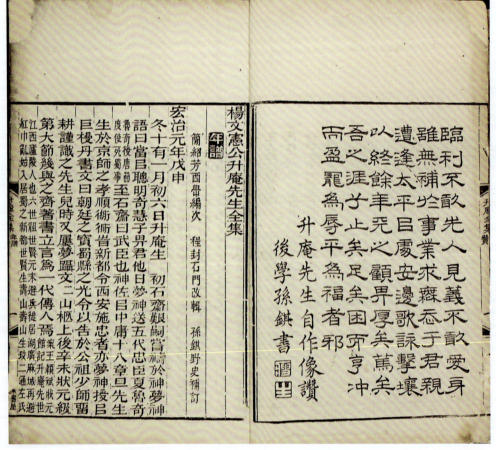

077 楊文憲升庵先生年譜一卷

（明）簡紹芳編（清）程封改輯，孫鎮補訂。清道光鵝溪孫氏刻《古棠書屋叢書》本。
1 册。半葉十二行二十四字，黑口，左右雙邊，雙黑魚尾。框高 18.5 厘米，寬 14.5 厘米。索
書號 YP14-14。

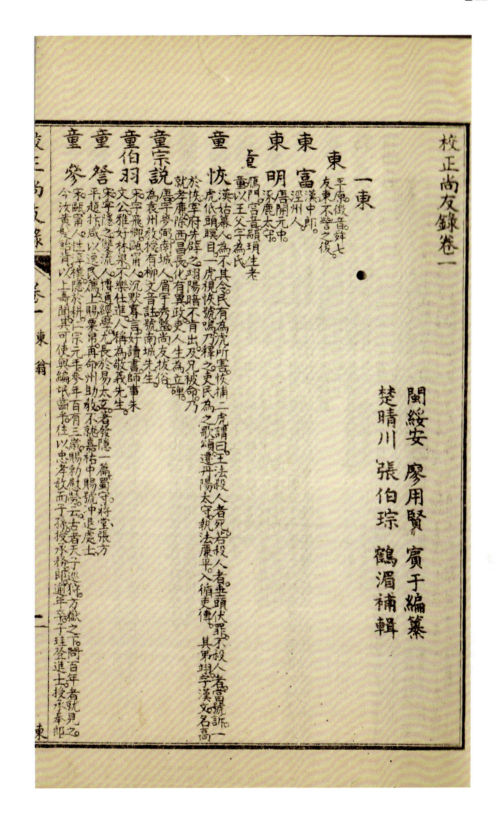

078 校正尚友録二十二卷

（明）廖用賢編纂（清）張伯琮補輯。清光緒十六年（1890）上海蜚英館石印巾箱本。4册。半葉十四行二十四字，小字雙行四十八字，白口，四周雙邊，單黑魚尾。框高 9.6 厘米，寬 6.7 厘米。索書號 YP3-62Z。

尚友録序

生乎古人之後莫不欲盡觀前言往行而識之而得哉矣
則泛識之而不得哉矣如書漏以泛啫邪善友古人也善友古人
者得其綱領而舉之雖古人其我遠隔數于百年而若聚一堂
又安在若言往行不可得而傳乎廖君宸祚昔推川宿學也
崇彙集古人事實以顏為網以姓為目一展卷而如見其字
世為如見其生平蓋名曰尚友錄行世矣余觀孝森士以
其書石窗之搜卷歎曰為此專匪但尚友古人其志在看哀初
學乎夫以顏為網捜顏而得其姓則不亥於泛以姓為目按姓
而得其人勾不亥於漏凡古人一言一行無不歷歷曰前

光緒庚寅夏四月
上海蜚英館石印

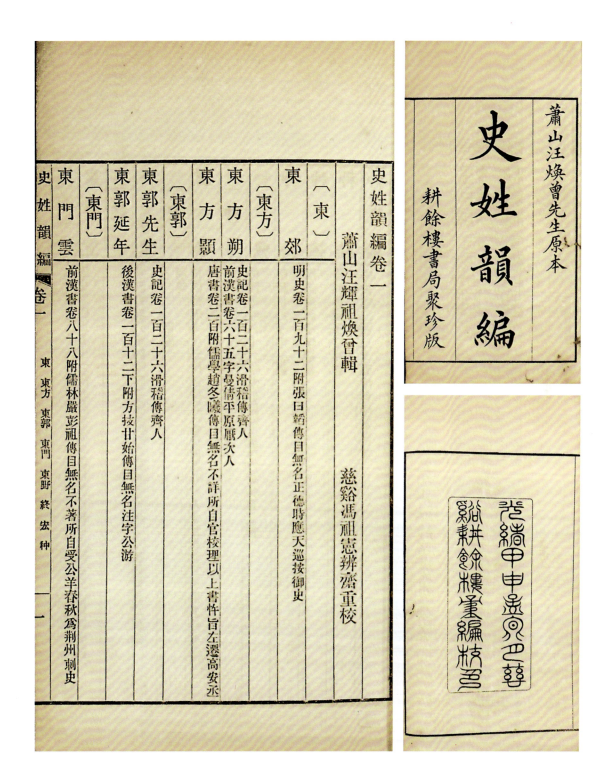

079 史姓韻編六十四卷

　　（清）汪輝祖輯，馮祖憲校。清光緒十年（1884）慈溪耕餘樓書局鉛印本。16冊。半葉十二行二十字，小字雙行四十字，白口，四周單邊，單黑魚尾。框高14.7厘米，寬10厘米。索書號YP8-60。

政书類

080 三通序三卷

（清）康紹鈞輯。清光緒二十九年（1903）刻本。1 冊。半葉十一行二十三字，上白口，下黑口，四周雙邊，單黑魚尾。框高 15.2 厘米，寬 11.2 厘米。索書號 YP14-16。

地理類

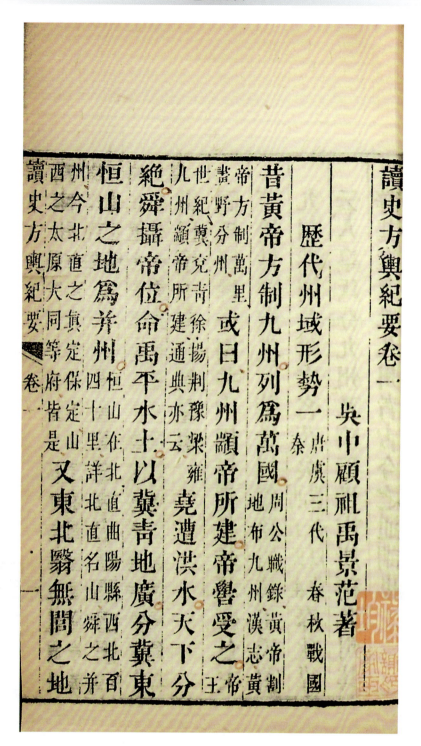

081 讀史方輿紀要歷代州域形勢十卷附統論歷朝形勢一卷

（清）顧祖禹撰，附錄（清）朱棠撰。清道光三十年（1850）長沙黃冕刻本。10冊。半葉九行二十字，白口，左右雙邊，單黑魚尾。框高18.1厘米，寬13.4厘米。鈐“謝家玉印”“禄均”印記。索書號YP13-129。

金石類

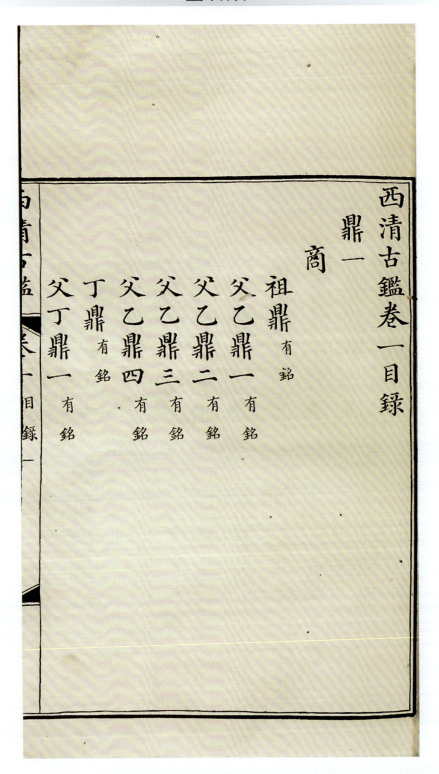

082 欽定西清古鑑四十卷錢録十六卷

（清）梁詩正、蔣溥纂修。清光緒十四年（1888）上海鴻文書局石印本。40冊。半葉十行十八字，白口，四周雙邊，雙黑魚尾。框高18.1厘米，寬13.7厘米。索書號YP3-59Z。

目録類
知見目録之屬

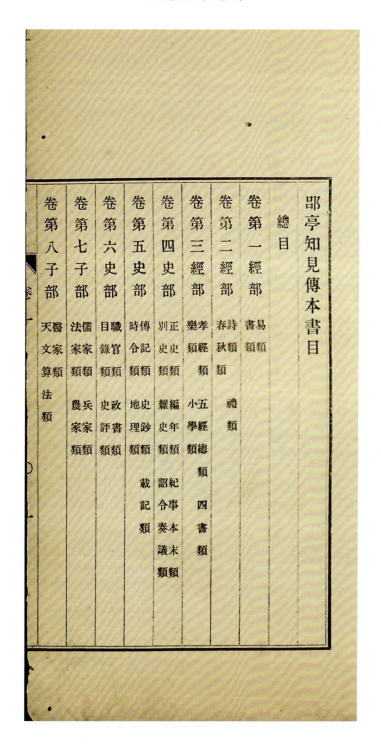

083 郘亭知見傳本書目十六卷

　　（清）莫友芝編。清宣統元年（1909）日本田中慶太郎北京鉛印本。10 冊。半葉十行
二十字，白口，四周雙邊，單黑魚尾。框高 15.5 厘米，寬 10.3 厘米。索書號 YP13-127。

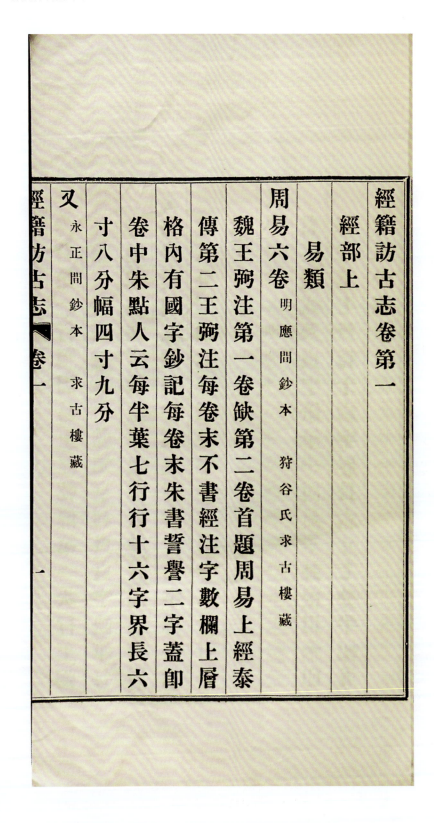

084 經籍訪古志六卷補遺二卷

（日）森立之、澀江全善撰。清光緒十一年（1885）六合徐承祖日本鉛印本。8 冊。半葉十行十九字，白口，四周雙邊，單黑魚尾。框高 18.2 厘米，寬 13.4 厘米。1956 年 2 月 9 日購於成都明月書局，貳元肆角，有發票。索書號 YP13-17。

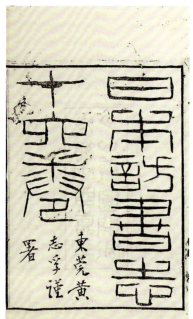

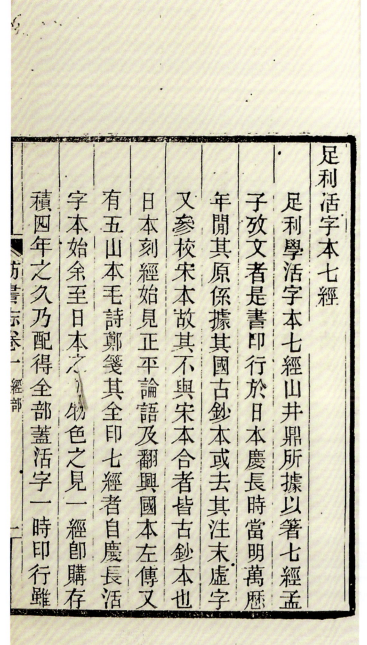

足利活字本七經

足利學活字本七經山井鼎所據以著七經孟
子攷文者是書印行於日本慶長時當明萬歷
年閒其原係據其國古鈔本或去其注末虛字
又參校宋本故其不與宋本合者皆古鈔本也
日本刻經始見正平論語及翻興國本左傳又
有五山本毛詩鄭箋其全印七經者自慶長活
字本始余至日本訪物色之見一經卽購存
積四年之久乃爲配得全部蓋活字一時印行雖

《訪書志卷一經部》

085 日本訪書志十七卷

（清）楊守敬撰。清光緒二十三年（1897）宜都楊守敬鄰蘇園刻本。8 冊。半葉九行二十
字，黑口，左右雙邊，單黑魚尾。框高 17 厘米，寬 12.7 厘米。索書號 YP1-12。

公藏目録之屬

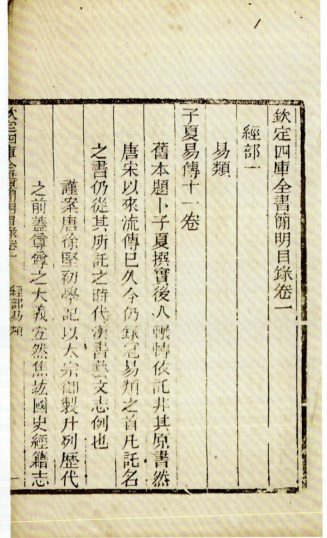

086 欽定四庫全書簡明目録二十卷

　　（清）永瑢、紀昀等纂。清光緒二年（1876）京都琉璃廠刻本。12 册。半葉九行二十一字，白口，左右雙邊。框高 14.1 厘米，寬 10.9 厘米。索書號 YP8-66。

私藏目録之屬

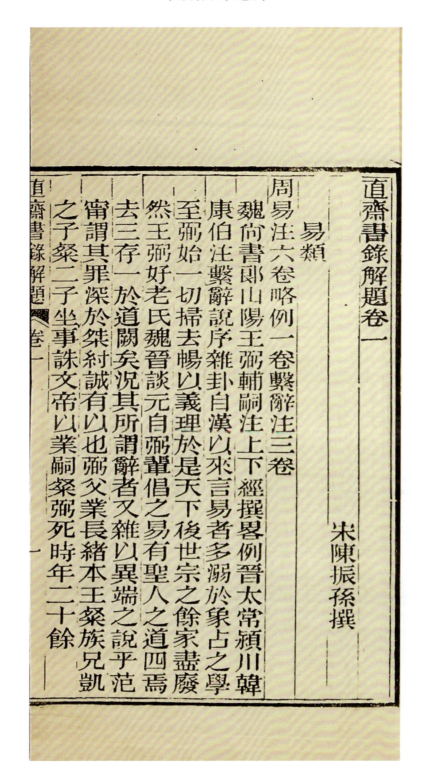

087 直齋書録解題二十二卷

（宋）陳振孫撰。清光緒九年（1883）江蘇書局刻蘇州振新書社印本。6 冊。半葉十一行二十四字，白口，四周雙邊，單黑魚尾。框高 17.5 厘米，寬 12.3 厘米。索書號 YP13-156。

經籍跋文

海昌陳鱣仲魚氏著

宋版周易注疏跋

孔穎達等周易正義據序云十有四卷新唐書藝文志及郡齋讀書志同惟直齋書錄解題作十三卷引館閣書目亦云今本止十三卷按序所云十有四卷者蓋兼略例一卷而言若正義原本止十三卷舊唐書經籍志誤作十六卷後皆作十卷又爲妄人所弁也原本單疏並無經注正經注語惟標起止而疏列其下注疏合刻起於南北宋之閒至于音義舊皆不列本書附刻音義又在慶元以後即九經三傳沿革例所謂建本有音釋

088 經籍跋文一卷

（清）陳鱣撰。清光緒會稽章氏刻《式訓堂叢書》本。1冊。半葉十一行二十一字，黑口，四周單邊，雙黑魚尾。框高 17.1 厘米，寬 12.3 厘米。鈐"雙流彭氏學古堂藏書印"印記。索書號 YP13-113。

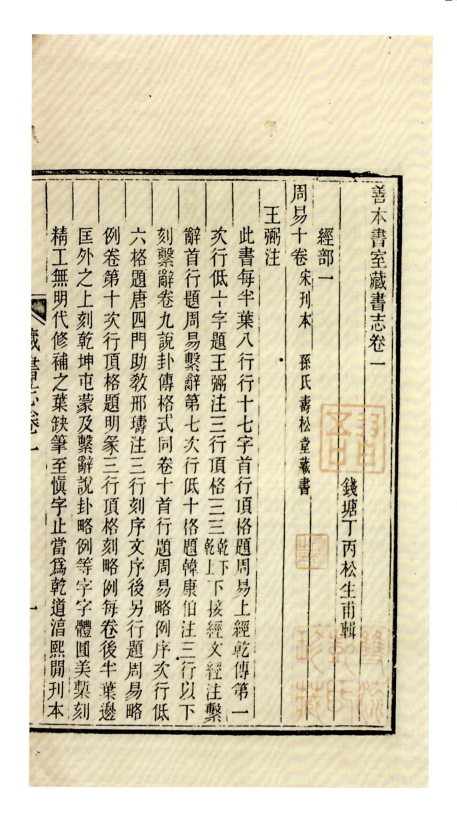

089 善本書室藏書志四十卷附錄一卷

（清）丁丙撰。清光緒二十七年（1901）錢塘丁丙刻本。16 冊。半葉十三行二十六字，白口，四周雙邊，單黑魚尾。框高 16.8 厘米，寬 11.5 厘米。鈐"雙流彭氏珍藏""德翔之印""習吾"印記。索書號 YP13-20。

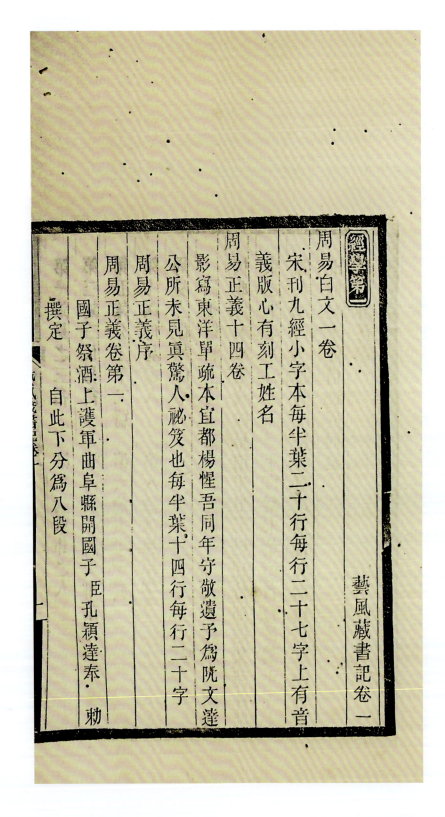

090 藝風藏書記八卷藝風藏書續記八卷

繆荃孫撰。清光緒二十七年（1901）至民國二年（1913）江陰繆氏刻本。5 冊。半葉十一行二十三字，黑口，左右雙邊，單黑魚尾。框高 18.3 厘米，寬 13.1 厘米。索書號 YP2-69。

彙刻目錄之屬

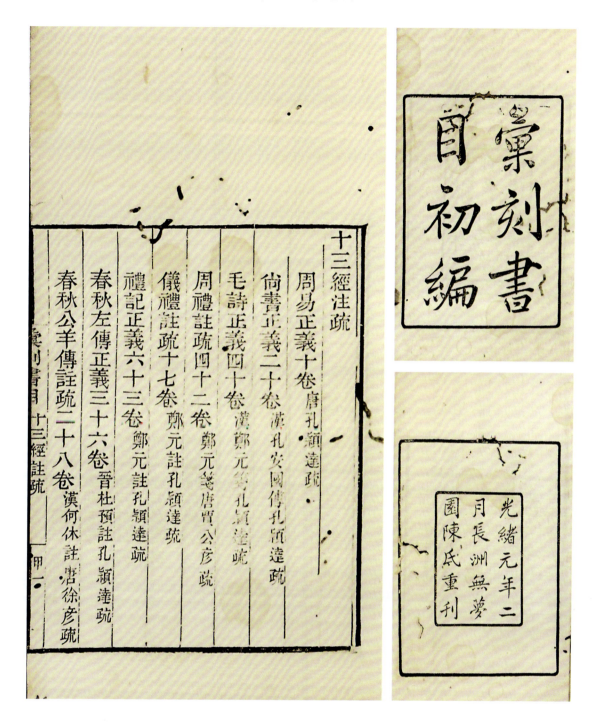

091 彙刻書目十卷續編五卷附補編一卷

　　（清）顧修輯。清光緒元年（1875）長洲無夢園陳氏重刻本。10 册。半葉九行二十一字，黑口，左右雙邊。框高 12.1 厘米，寬 9.7 厘米。鈐"芹塘藏書"印記。索書號 YP13-72。

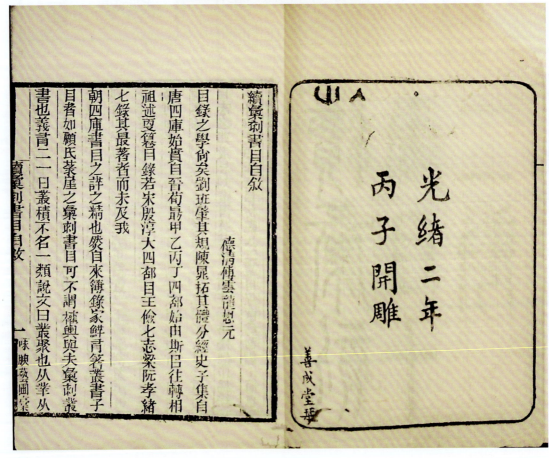

092 續彙刻書目十二卷補遺一卷

　　（清）傅雲龍輯。清光緒二年至四年（1876—1878）善成堂刻本。11 冊。半葉九行二十二字，黑口，左右雙邊。框高 11.9 厘米，寬 9.7 厘米。索書號 YP13-76。

推薦目録之屬

輶軒總二

語行弟一

教士之道其宏綱要領

世祖皇帝臥碑八條

聖祖皇帝聖諭十六條盡之凡屬士林恭敬遵守此外儒先教條學
規其有成書無待演說茲擇其切於今日世風本省士習者
言之

一德行謹厚

德行不必說到精深微渺處心術慈良不險刻言行誠實不
巧詐舉動安靜不輕浮不爲家庭事與訟不致以邪僻事令
人告訐不謀人艮田美產住書院者不結黨妄爲無論大場
小場守規矩不生事貧者教授盡心富者樂善好施廣興義
學捐錢多買書籍置於本處書院卽爲有德
近令風俗人心日益澆薄厚之一字尤宜加意

093 書目答問四卷輶軒語一卷

　　（清）張之洞撰。清末存古學堂刻本。2 冊。半葉十三行二十四字，白口，四周雙邊，單
黑魚尾。框高 21.2 厘米，寬 14.1 厘米。索書號 YP13-40。

版刻目録之屬

094 留真譜初編不分卷（不全）

（清）楊守敬編。清光緒二十七年（1901）宜都楊氏刻本。11 册。索書號 YP2-123Z。

卷四　子部

總類

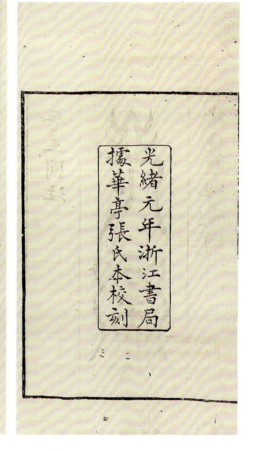

095 二十二子（缺《尸子》《文子》）

　　（清）浙江書局輯。清光緒元年至三年（1875—1877）浙江書局刻本。80 册。半葉九行
二十一字，白口，左右雙邊，單黑魚尾。框高 18 厘米，寬 13.1 厘米。索書號 YP1-1。

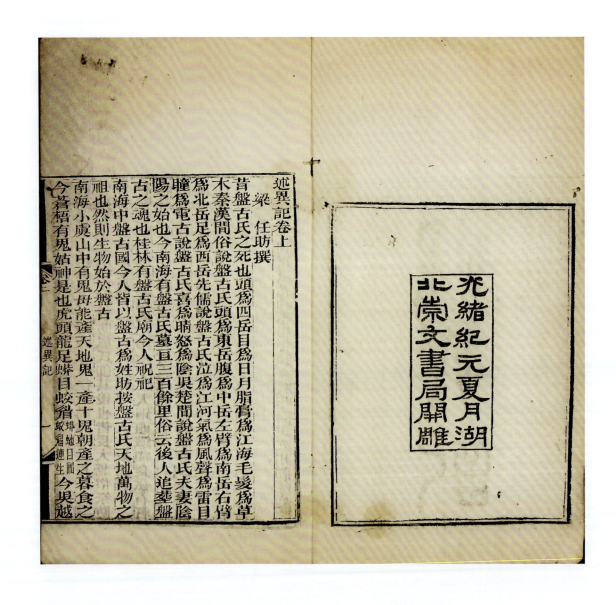

096 子書百家（百子全書）一百一種（存《鬻子》《獨斷》《牟子》《神異經》《搜神記》《搜神後記》《續博物志》《述異記》等八種）

（清）崇文書局輯。清光緒元年（1875）湖北崇文書局刻本。8冊。半葉十二行，每行字數不等，黑口，四周雙邊，雙黑魚尾。框高 19.3 厘米，寬 14.9 厘米。索書號 YP14-6。

儒家類

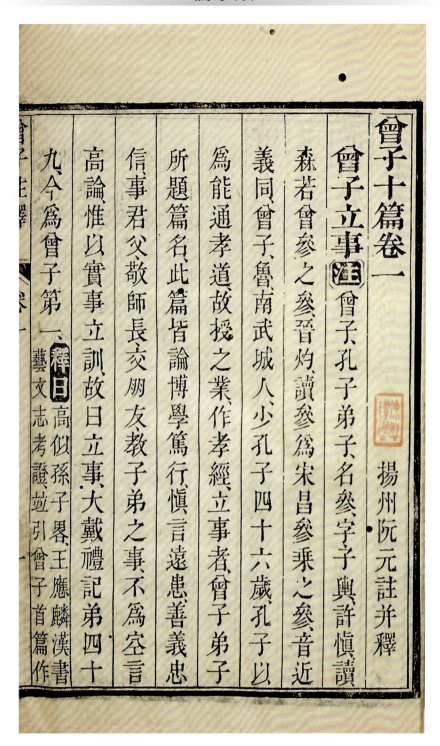

097 曾子注釋四卷敍録一卷

（清）阮元撰。清道光二十五年（1845）揚州阮氏擘經室刻《文選樓叢書》本。1 册。
半葉九行二十字，白口，四周雙邊，單黑魚尾。框高 21.7 厘米，寬 15.2 厘米。鈐"徐恕讀
過""江夏徐氏藏本"印記。索書號 YP13-42。

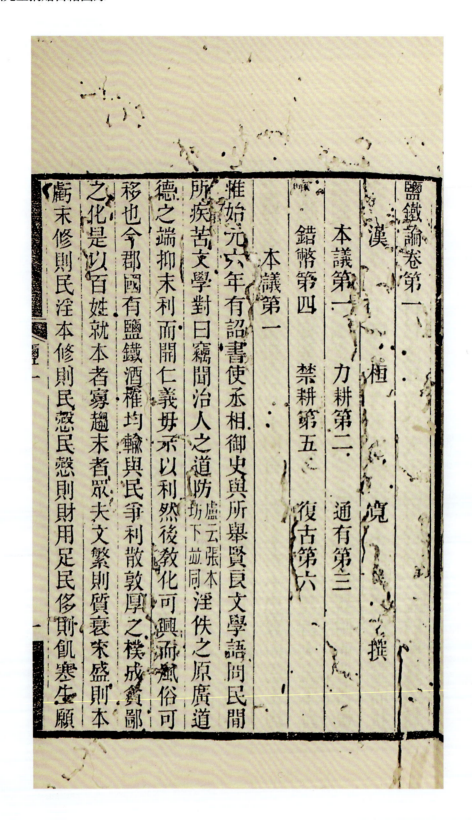

098 鹽鐵論十卷

（漢）桓寬撰。清光緒十七年（1891）思賢講舍刻本。民國二十年（1931）新繁劉德馨題記。2 冊。半葉十一行二十四字，粗黑口，左右雙邊，單黑魚尾。框高 17.8 厘米，寬 13.6 厘米。鈐"德馨""培芝""德也狂生耳""辭幽憂室主"印記。索書號 YP2-32。

（此箋置思賢講舍刻本鹽鐵論前）

鹽鐵論一書自宋而後以明弘治辛酉新淦涂禎重刻宋嘉慶本為最佳
新刊元本者嫌葉郇圖讀古志知為江建霞所
藏篇中脫誤多是元時土坊刻極劣者

今人江蘇博沅枬增湘所謂宋本不得見。涂本猶宋本也。涂本又不易見。張本猶
涂本也其珍貴殆可知矣葉氏南思賢譌舍本乃王益吾祭酒先謙
考證及盧抱經文弨羣書拾補所言者散入正文耳便學子又撰校勘小識以附於後

鹽鐵論之讀者蓋莫善於此。矣沅枬又賞考鹽鐵論之傳世有名者有瓘寧斋鈔。

本黃丕烈藏前有涂禎敘題心弘治　有魚錫華氏活字本
室本魚元吳光作曜與涂禎同

彥本十行二十字白口四周雙闌前有郝懋序又嘉靖　有胡維新本
本三十年沈邠彥重校刊沅枬新獲此本　　而豐順丁雨生昌持。有沈延銓

靜嘉書目所謂宋本　毳長沙葉氏與彬德輝觀古堂所藏涂本　有倪邦

釋即為善本建計祖刻為沅枬近在北平以三百金獲一涂本原為蕺

古之論弘吾儒讀書之旨也吾儒所讀之書要行間苟典訛誤更有幾

風老人名江陰繆小珊太史　故物珍則珍矣是豈宋土所能辨治者我　則吾儒之

讀鹽鐵論者微益吾此本其誰與歸　　辛未四月朔德輝題記

　沅枬自守菹園居士蓋方極愛以精鈔名校內府為菹園羣書題記刊布於天津國聞週
報名卷中其鹽鐵論涂倪本兩跋則分載於是報第八卷第九期
　　　　　　　　　　　　　　　　影四部叢刊初

中余說本之培養來記

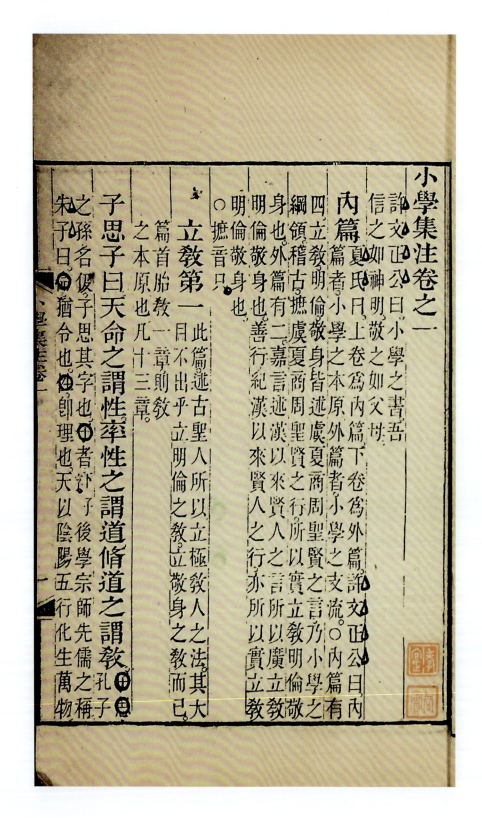

099 小學集注六卷

　　（明）陳選集注。清同治六年（1867）金陵書局刻本。2 册。半葉十行二十二字，黑口，左右雙邊，雙黑魚尾。框高 17.5 厘米，寬 13.4 厘米。鈐"君實""孝寔"印記。索書號 YP14-11。

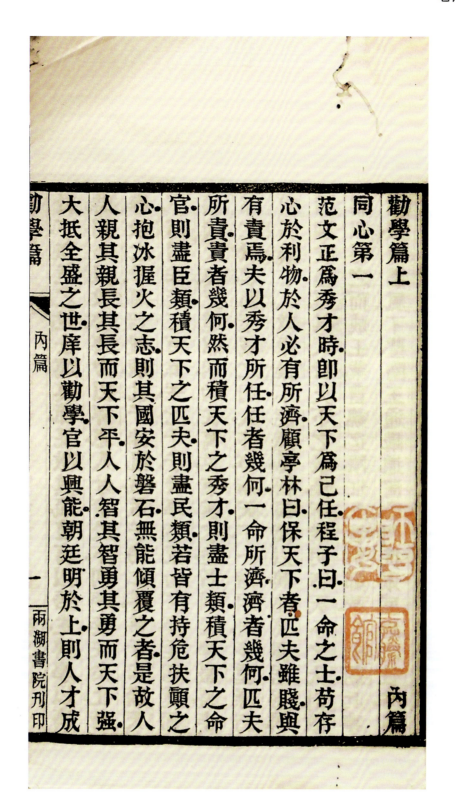

100 勸學篇二卷

（清）張之洞撰。清光緒二十四年（1898）兩湖書院石印本。1 册。半葉十行二十三字，白口，左右雙邊，單黑魚尾。框高 18.6 厘米，寬 13.8 厘米。鈐"古藤館""師曾廔"印記。索書號 YP13-23。

法家類

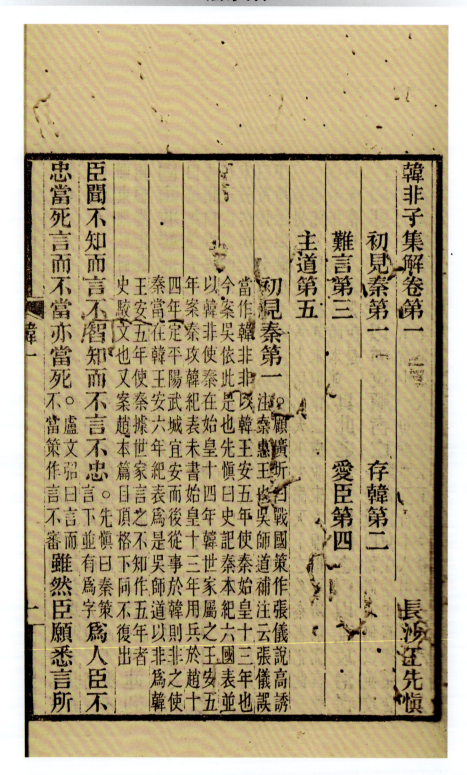

101 韓非子集解二十卷

（清）王先慎集解。清光緒二十二年（1896）刻本。6 册。半葉十一行二十四字，黑口，左右雙邊，單黑魚尾。框高 18 厘米，寬 13.6 厘米。索書號 YP2-19。

術數類

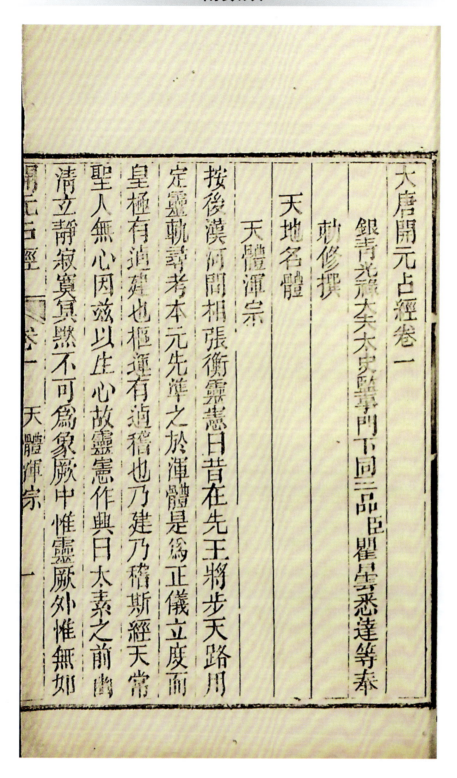

102 大唐開元占經一百二十卷

　　（唐）釋瞿曇悉達等撰。清末恒德堂刻本。24 册。半葉十行二十字，白口，四周雙邊，單黑魚尾。框高 13.3 厘米，寬 10.1 厘米。索書號 YP13-66。

雜家類

雜學雜説之屬

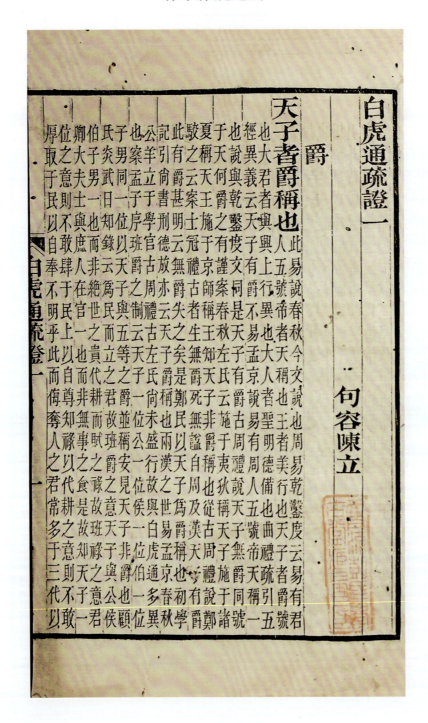

103 白虎通疏證十二卷

（清）陳立撰。清光緒元年（1875）淮南書局刻本。4 册。半葉十二行二十四字，白口，左右雙邊，單黑魚尾。框高 21.2 厘米，寬 14.8 厘米。鈐"雙流彭氏學古堂藏書印"印記。索書號 YP2-119。

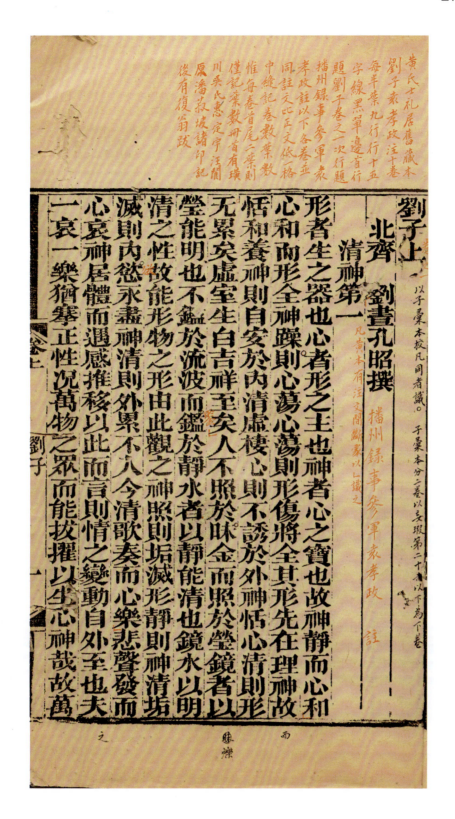

104 劉子二卷

　　（北齊）劉晝撰。清光緒元年（1875）湖北崇文書局刻《子書百家》本，佚名過錄陳乃乾批校。1冊。半葉十二行二十四字，黑口，四周雙邊，雙黑魚尾。框高18.8厘米，寬14.8厘米。索書號YPT1-32。

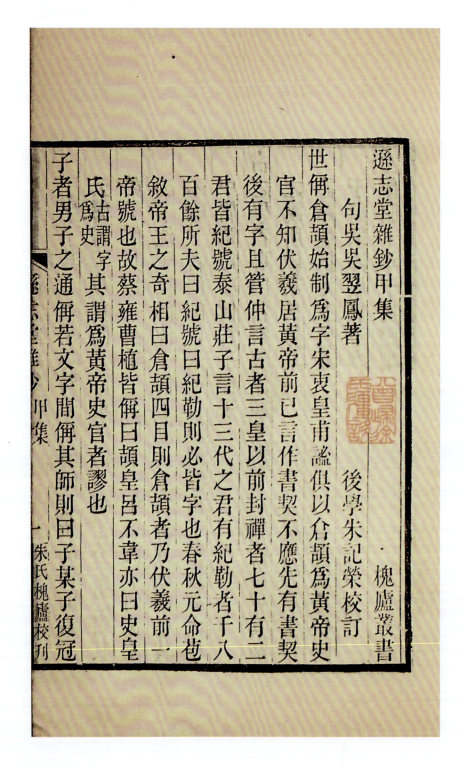

105 遜志堂雜鈔十卷

（清）吳翌鳳撰，朱記榮校訂。清光緒十三年（1887）吳縣朱氏行素草堂校刻《槐廬叢書》本。4冊。半葉十一行二十一字，黑口，左右雙邊，單黑魚尾。框高 16.8 厘米，寬 12.4 厘米。鈐"曾歸徐氏彊彄"印記。索書號 YP8-47。

雜考之屬

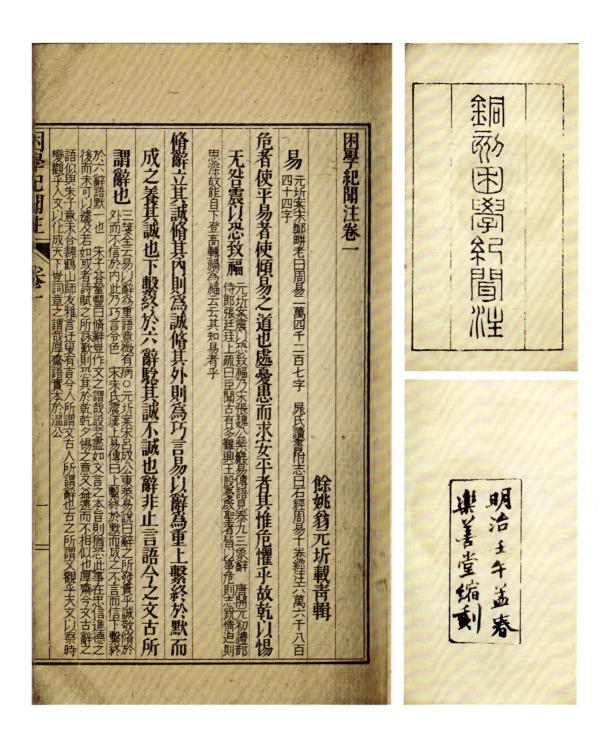

106 困學紀聞注二十卷

　　（宋）王應麟撰（清）翁元圻注。日本明治十五年（清光緒八年，1882）樂善堂書局上海銅版縮刻巾箱本。6冊。半葉十一行二十九字，白口，四周雙邊，單黑魚尾。框高9.5厘米，寬6.1厘米。索書號YP3-61Z。

107 日知録集釋三十二卷刊誤二卷續刊誤二卷

（清）顧炎武撰，黄汝成集釋。清同治八年（1869）廣州述古堂刻本。16 册。半葉十一行二十二字，黑口，左右雙邊，雙黑魚尾。框高 18 厘米，寬 13.2 厘米。每册封面手書"李靜清置"墨迹。索書號 YP2-99。

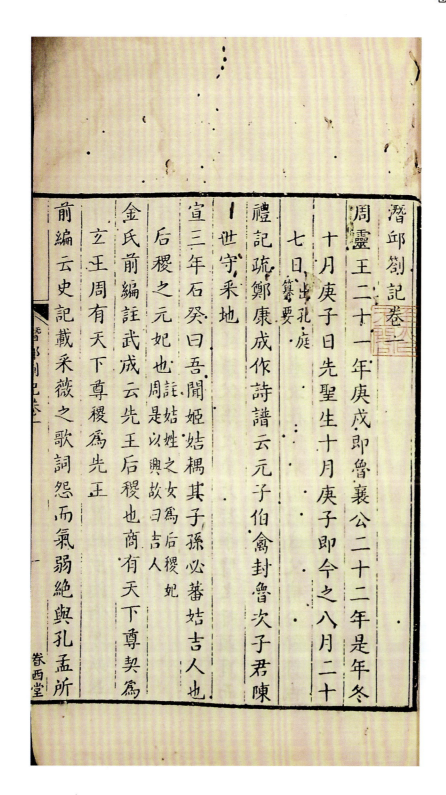

108 潛邱劄記六卷左汾近稿一卷

　　（清）閻若璩撰，近稿（清）閻詠撰。清乾隆十年（1745）眷西堂刻本。6冊。半葉十一行二十字，白口，左右雙邊，單黑魚尾。框高19.1厘米，寬14.8厘米。鈐"魯玉閣""徐恕讀過""桐風高"印記。1952年2月3日購於成都大雅書局，壹萬伍仟元，有發票。索書號YS2-110。

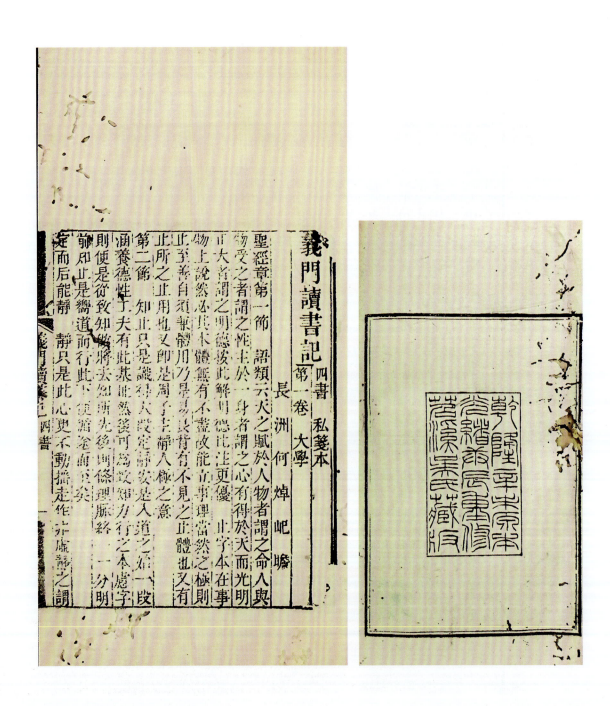

109 義門讀書記五十八卷

（清）何焯撰。清乾隆三十四年（1769）刻光緒六年（1880）苕溪吳氏修補印本。16 册。半葉十四行二十二字，黑口，左右雙邊，單黑魚尾。框高 14.7 厘米，寬 12 厘米。索書號 YP13-36。

五經正義表

臣无忌等言臣聞混元初闢三極之道分焉醇德既醨

六籍之文著矣於是龜書浮於溫洛爰演九疇龍圖出

於榮河以彰八卦故能範圍天地埏埴陰陽道濟四溟

知周萬物所以七教八政垂炯戒於百王五始六虛貽

徽範於千古詠歌明得失之跡雅頌表興廢之由寔刑

政之紀綱乃人倫之隱括昔雲官司契之后火紀建極

之君雖步驟不同質文有異莫不開茲膠序樂以典墳

敦稽古以勗風闡儒雅以立訓啓含靈之耳目贊神化

之丹青姬孔發揮於前荀孟抑揚於後馬鄭迭進成均

110 群書拾補初編三十九種

　　（清）盧文弨校補。清光緒十三年（1887）上海蜚英館影印乾隆五十五年（1790）盧文弨刻《抱經堂叢書》本。8冊。半葉十行二十一字，白口，左右雙邊，單黑魚尾。框高15.2厘米，寬10厘米。索書號YP13-67。

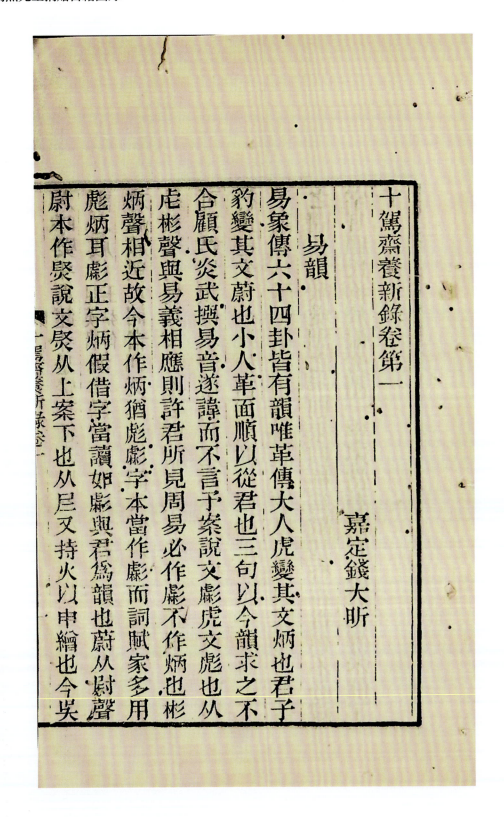

111 十駕齋養新録二十卷餘録三卷

（清）錢大昕撰。清光緒二年（1876）浙江書局刻本。8册。半葉十行二十三字，白口，左右雙邊，單黑魚尾。框高 16.9 厘米，寬 12.5 厘米。1956 年 10 月 16 日購於成都貴林書舍，肆元柒角，有發票。索書號 YP1-6。

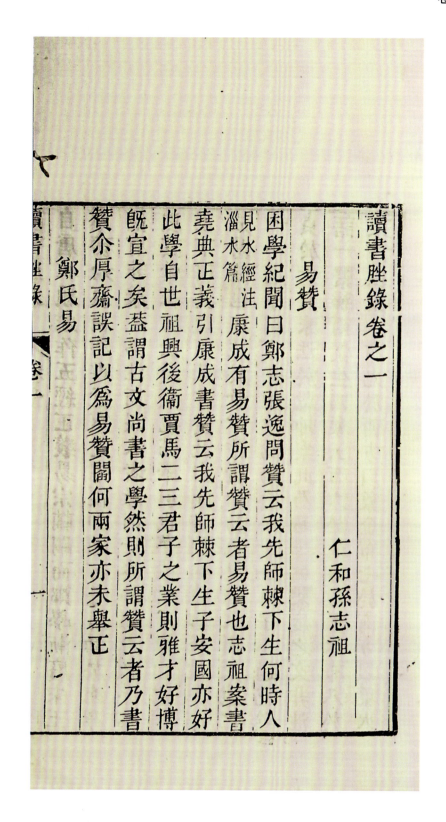

112 讀書脞録七卷

（清）孫志祖撰。清嘉慶四年（1799）刻本。2 冊。半葉十行二十一字，白口，左右雙邊，單黑魚尾。框高 18.4 厘米，寬 13.2 厘米。1955 年 4 月 3 日購於成都貴林書舍，與民國版《國故論衡疏證》4 冊合計壹元陸角，有發票。索書號 YP2-2。

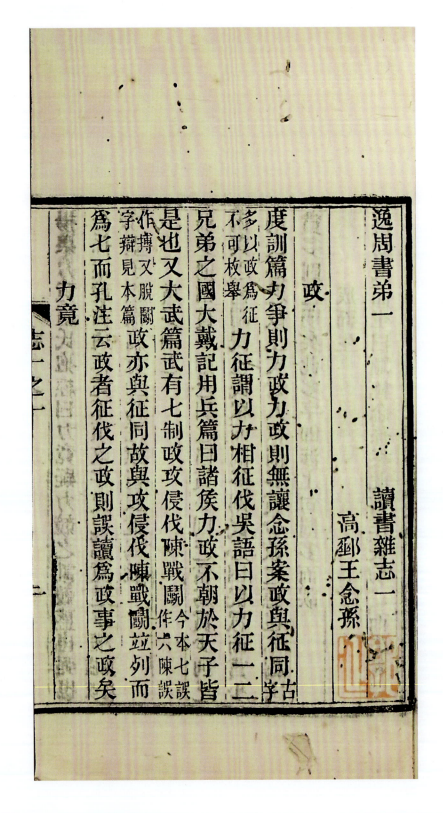

113 讀書雜誌八十二卷餘編二卷

（清）王念孫撰。清同治九年（1870）金陵書局重刻本。24 册。半葉十行二十一字，白口，四周雙邊，單黑魚尾。框高 17.6 厘米，寬 13.4 厘米。鈐"郭延""丹隱居所藏書""季吾"印記。索書號 YP1-31。

一一二　逸周書一

逸周書弟一　　　　　　　　　　　　　　　　　　　　讀書雜志一

　　　　　　　　　　　　　　　　　　　　　　　　　高郵王念孫

政

度訓篇力爭則力政力政則無讓念孫案政與征同古字多以政為征不可枚舉　力征謂以力相征伐吳語曰以力征一二

力竟

兄弟之國大戴記用兵篇曰諸侯力政不朝於天子皆是也又大武篇武有七制政攻侵伐陳戰鬬作六陳誤　政亦與征同故與攻侵伐陳戰鬬竝列而為七而孔注云征伐之政則誤讀為政事之政矣字辯見本篇

揚皋力竟盧氏抱經曰力竟疑力競之譌競盛也強也念孫案競古通作竟不煩改字史記篇竟進爭權竟為力竟字撟又脫鬬

墨子旗幟篇士為虎旗皆以竟為競

賞多則乏

罰多則困賞多則乏引之曰賞多則乏當為賞少則乏皆謂民也民眾而罰多則民必困民眾而賞少

則民必乏故上文云人眾罰多賞少政之惡也不得言賞多則乏明矣此多字卽涉上句罰多而誤

成而生

長幼成而生日順極念孫案此當作長幼成而生義曰順極故孔注曰使小人大人皆成其事上之心而生其

義順之至也今本蓋脫義字

惠而不忍人

命訓篇惠而不忍人人不勝害害不如外念孫案惠而不忍人當作惠而忍人此反言之以申明上文

言惠不忍人故此言惠而忍人則人不勝害下文均一則不和云云皆是反言以申明上文也今本作惠而不

忍人不字卽涉上文惠不忍人而衍

六極不嬴

一一

114 讀書雜誌八十二卷餘編二卷

　　（清）王念孫撰。清光緒二十年（1894）上海醉六堂石印本。8冊。半葉二十行四十二字，上黑口，下白口，四周雙邊，單黑魚尾。框高16.5厘米，寬12.6厘米。鈐"馥清藏書""金石淵藪"印記。索書號YP13-18。

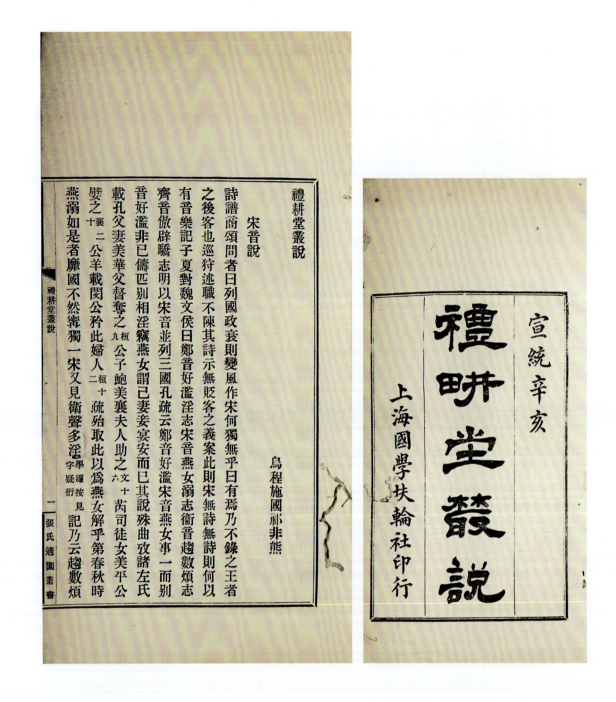

115 禮耕堂叢說一卷

（清）施國祁撰。清宣統三年（1911）上海國學扶輪社鉛印本。1 册。半葉十一行二十九字，黑口，四周雙邊，單黑魚尾。框高 17 厘米，寬 11.3 厘米。索書號 YP14-7。

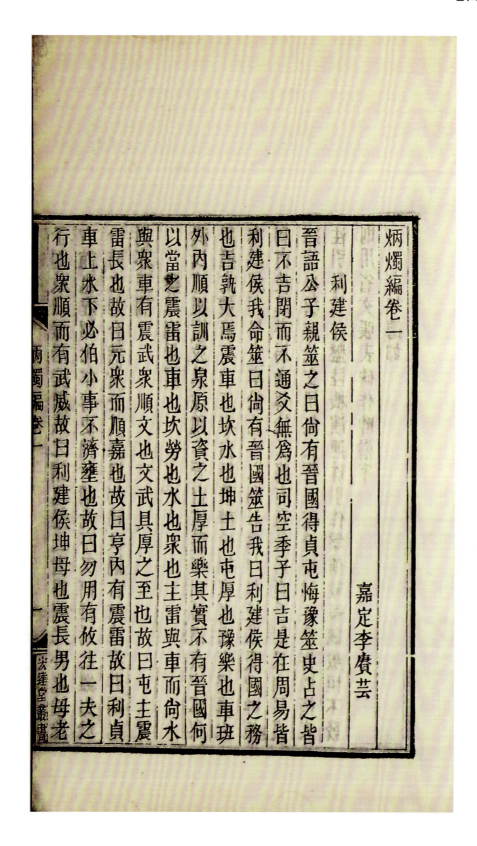

116 炳燭編四卷

（清）李賡芸撰。清光緒四年（1878）宏達堂刻本。2冊。半葉十三行二十二字，黑口，四周雙邊，雙黑魚尾。框高18.2厘米，寬13.3厘米。索書號YP14-8。

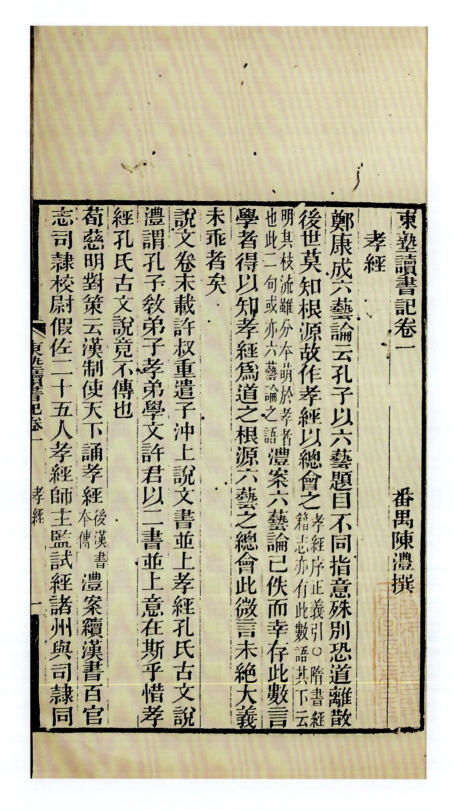

117 東塾讀書記二十五卷

（清）陳澧撰。清光緒二十七年（1901）刻本。5冊。半葉十二行二十四字，黑口，四周單邊，單黑魚尾。框高 18.8 厘米，寬 14.4 厘米。鈐"雙流彭氏學古堂藏書印"印記。索書號 YP1-51。

札迻卷一　　　　　　　　　　瑞安孫詒讓

易乾鑿度鄭康成注　聚珍版本　張惠言易緯略義校

卷上　君臣取象變節相和　案孔穎達易疏序引和作移是當

據正

故易者所以經天地官本校云錢本作繼天地　案范欽本

盧見曾本及易正義引竝作繼似是後文云天子者繼天

理物

度時制宜作罔罟以畋以漁以贍八用　案易正義引作下

有爲字八用作民用此沿唐本避諱字

故三王之郊一用夏正所以順四時法天地之道也　案范

盧本竝作淰天地之通道杜臺卿玉燭寶典八引同此本誤

118 札迻十二卷

（清）孫詒讓撰。清光緒二十一年（1895）刻本。4冊。半葉十二行二十三字，黑口，左右雙邊，雙黑魚尾。框高17.6厘米，寬13.9厘米。索書號YP2-65。

雜記之屬

世說新語卷上之一

宋　臨川王義慶　撰

梁　劉孝標　注

德行第一

陳仲舉言為士則行為世範登車攬轡有澄清天下之志先　汝南

傳曰陳蕃字仲舉汝南平輿人有室荒蕪不埽除曰大丈夫當

為國家埽天下值漢桓之末闊豎用事以蕃為尚書太傅與忠

大將軍竇武謀誅閹官蕃為尚書

官反為所害為豫章太守正

守至便問徐孺子所在欲先看之豫章南昌人清妙高時超世子

絕俗前後為諸公所辟雖不就及所赴弔常豫炙雞斗米一

隻以綿漬酒中暴乾以雞置前酹綿絮斗米

飯畢白茅為藉以雞置前酹

酒畢留謁即去不見喪主許叔重曰殷之賢人

王式商容之閭席不暇煖老子師也車上跽曰武吾之禮賢

119 世說新語三卷

　　（南朝宋）劉義慶撰（南朝梁）劉孝標注。清光緒十七年（1891）思賢講舍刻本。4 冊。半葉十一行二十四字，粗黑口，左右雙邊，單黑魚尾。框高 17.8 厘米，寬 13.7 厘米。索書號 YP1-10。

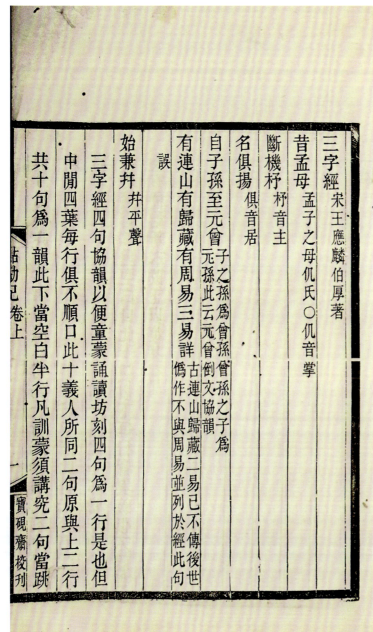

120 點勘記二卷附省堂筆記一卷

　　（清）歐陽泉撰。清光緒九年（1883）資中官舍刻本。2 冊。半葉十一行二十四字，黑口，左右雙邊，雙黑魚尾。框高 20 厘米，寬 15.1 厘米。索書號 YP13-107。

類書類

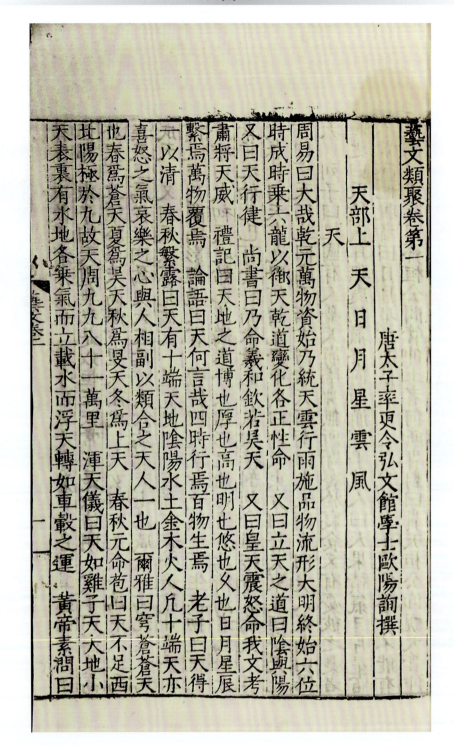

121 藝文類聚一百卷

（唐）歐陽詢輯。明嘉靖六年至七年（1527—1528）胡纘宗、陸采刻本。10 册。半葉十四行二十八字，白口，左右雙邊，單黑魚尾。框高 22.3 厘米，寬 16 厘米。鈐"季振宜藏書""滄葦""季振宜印""御史之章"印記。索書號 YS2-5。

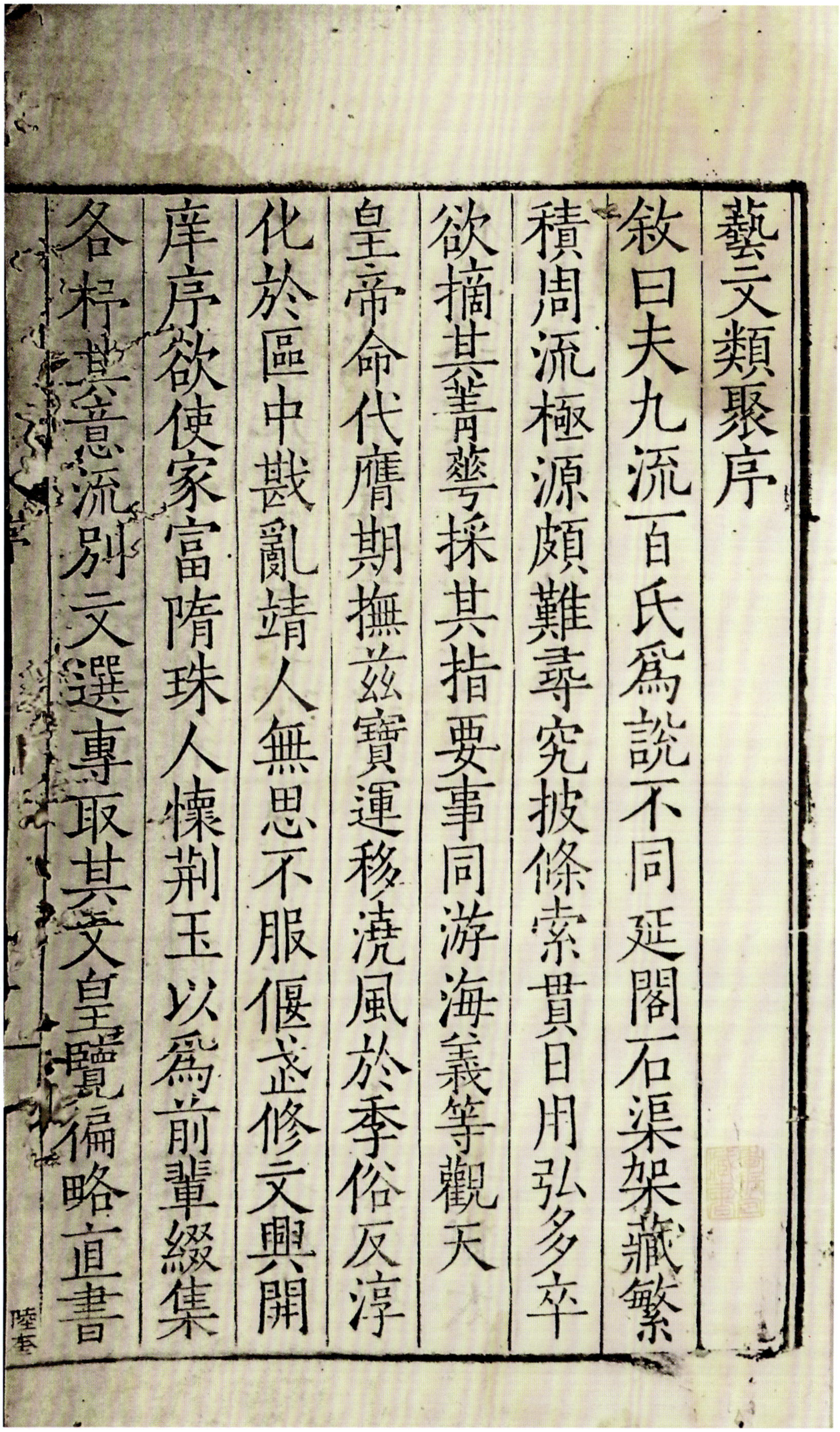

藝文類聚序

敘曰夫九流百氏爲說不同延閣石渠架藏繁

積周流極源頗難尋究披條索貫日用弘多卒

欲摘其菁藝採其指要事同游海義等觀天

皇帝命代膺期撫茲寶運移澆風於季俗反淳

化於區中戡亂靖人無思不服偃武修文興開

庠序欲使家富隋珠人懷荆玉以爲前輩綴集

各杼其意流別文選專取其文皇覽偏略直書

陸至

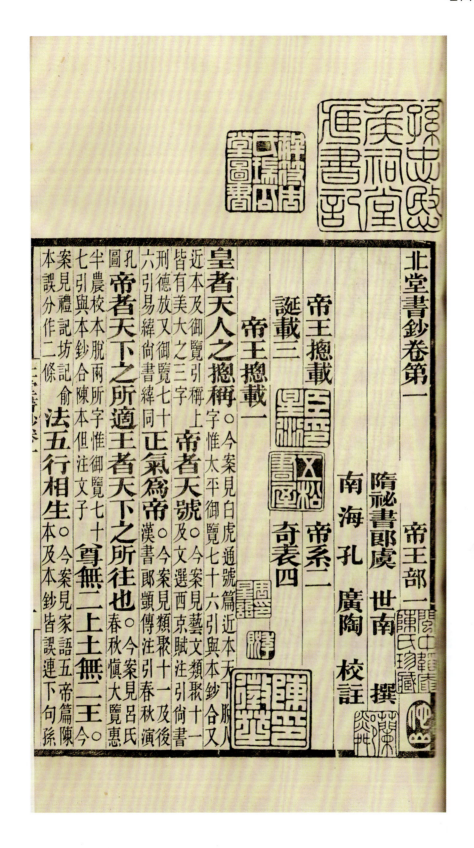

122 北堂書鈔一百六十卷首一卷

（唐）虞世南輯（清）孔廣陶校注。清光緒十四年（1888）南海孔氏刻本。20 册。半葉十二行二十二字，黑口，四周單邊。框高 19.1 厘米，寬 15.7 厘米。索書號 YP2–6。

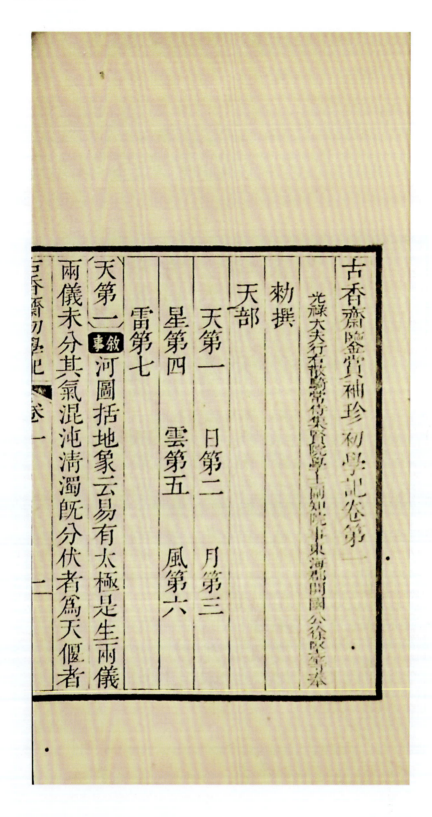

123 古香齋鑒賞袖珍初學記三十卷

（唐）徐堅等輯。清乾隆十三年（1748）武英殿刻《欽定古香齋袖珍十種》本。12 册。半葉九行十八字，白口，四周雙邊，單黑魚尾。框高 10.2 厘米，寬 8.1 厘米。索書號 YS3-60Z。

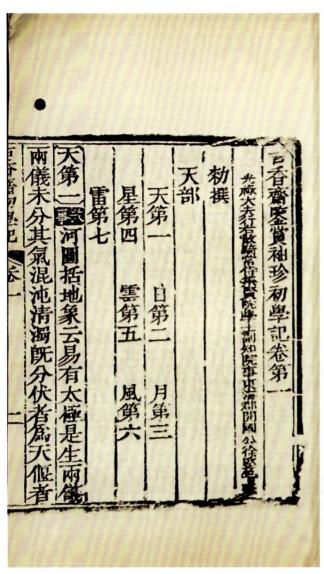

124 古香齋鑒賞袖珍初學記三十卷

（唐）徐堅等輯。清光緒江西金谿紅杏山房刻本。10 冊。半葉九行十八字，白口，四周雙邊，單黑魚尾。框高 9.9 厘米，寬 8 厘米。索書號 YP13-87。

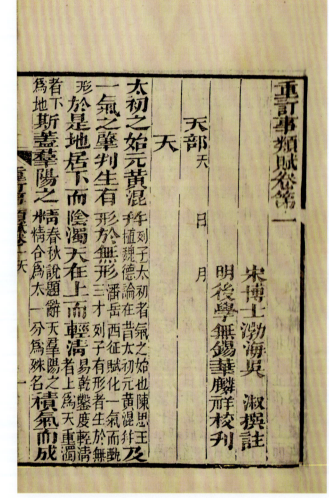

125 重訂事類賦三十卷

（宋）吳淑編。清光緒三年（1877）三義會刻本。6 冊。半葉九行二十一字，白口，四周單邊，單黑魚尾。框高 13 厘米，寬 9.8 厘米。索書號 YP13-69。

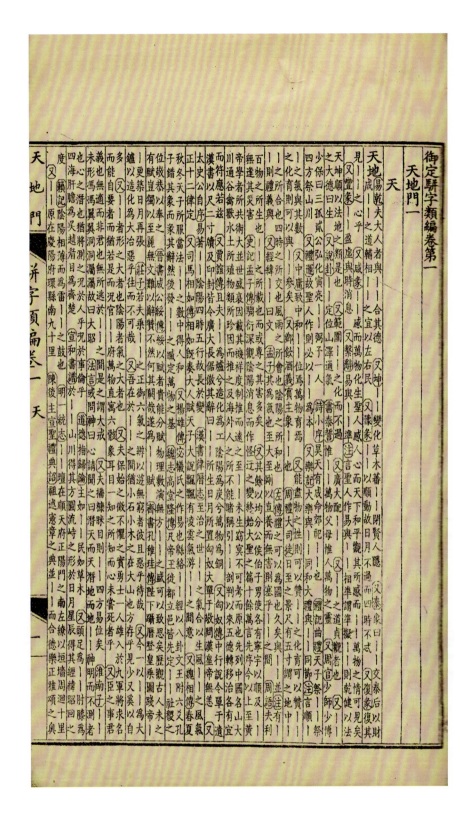

126 御定駢字類編二百四十卷

（清）沈宗敬等奉敕編。清光緒十三年（1887）上海同文書局石印本。48 冊。半葉二十行四十二字，白口，四周雙邊，雙黑魚尾。框高 16.1 厘米，寬 11.4 厘米。鈐"國益書報室之章"印記。索書號 YP8-70。

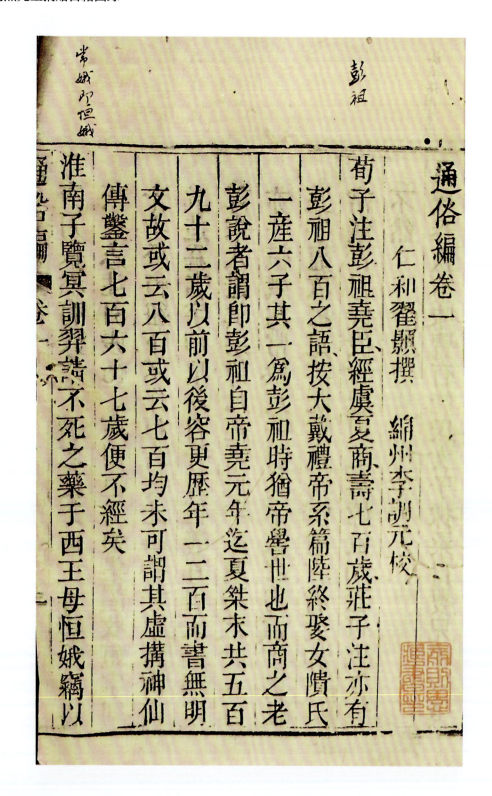

127 通俗編三十八卷

　　（清）翟灝撰，李調元校。清光緒七年（1881）廣漢鍾登甲樂道齋刻《函海》本，民國二十七年（1938）上虞俞則愚批校並題跋。4 册。半葉十行二十字，白口，四周雙邊，單黑魚尾。框高 18.9 厘米，寬 14.1 厘米。鈐"俞則愚藏書印""俞氏則愚"印記。索書號 YPT13-157。

道家類

先秦之屬

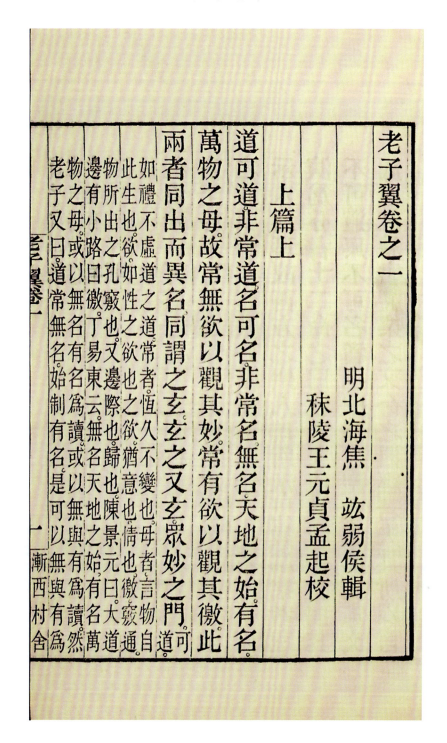

128 老子翼八卷

（明）焦竑輯。清光緒二十一年（1895）桐廬袁氏刻《漸西村舍叢刻》本。4 册。半葉十行二十字，細黑口，左右雙邊。框高 17.7 厘米，寬 12.9 厘米。索書號 YP13-98。

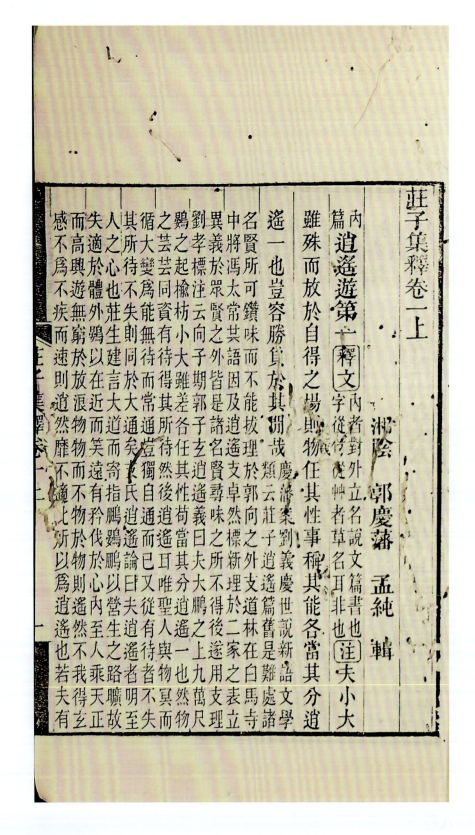

129 莊子集釋十卷

（清）郭慶藩輯。清光緒二十年（1894）思賢講舍刻本。10册。半葉十一行二十四字，粗黑口，左右雙邊，單黑魚尾。框高 17.8 厘米，寬 13.5 厘米。索書號 YP2-30。

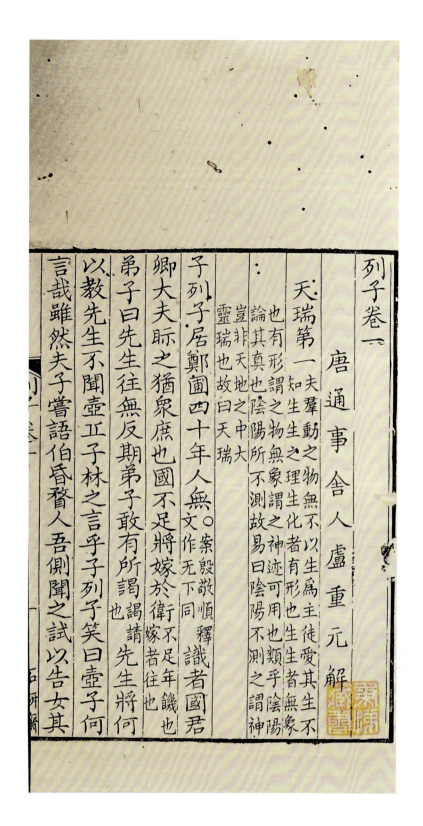

130 列子八卷

（唐）盧重元解。清嘉慶八年（1803）江都秦恩復石研齋刻本。2冊。半葉十行二十一字，白口，左右雙邊，單黑魚尾。框高19厘米，寬14厘米。鈐"秉悌藏書"印記。索書號YP2-113。

道教之屬

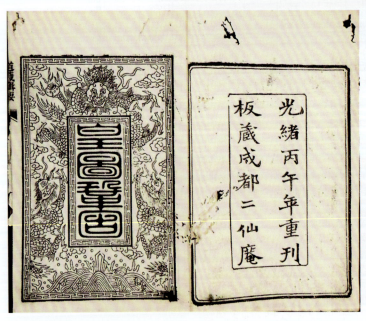

131 重刊道藏輯要二十八集（不全）

　　（清）彭定求輯，閻永和增。清光緒三十二年（1906）成都二仙庵刻本。16 册。半葉十行二十四字，白口，左右雙邊，單黑魚尾。框高 19.4 厘米，寬 14.9 厘米。索書號 YP13-149。

抱朴子內篇序

洪體之超逸進晉書作之才偶好無爲之業假令奮翅

則能凌厲元霄驟足則能追風躡景猶故此字晉書無欲

戢勁翮於鷦鶺作鷦晉書之羣藏逸跡於跛驢之伍豈況

大塊稟我以尋常之短羽常之晉書作以至騖之

塞足以此晉書無自卜者審不能者止又字晉書有豈敢力

蒼蠅而慕沖天之舉策跛鼈而追飛兔之軌飾娛母

之陋醜萬陋晉書作談推沙礫之賤質

索千金於和肆哉夫以此晉書無焦僥之步而企及夸

父之縱近才所以顀閡原晉書注或作或作藏本作閡

之亡齡而強赴扛鼎之契晉書作勢秦人所以斷筋

疲六

132 抱朴子內篇二十卷外篇五十卷

　　（晉）葛洪撰。清嘉慶十八年至二十四年（1813—1819）孫星衍金陵道署、冶城山館
刻《平津館叢書》本。8 冊。半葉十一行二十字，白口，左右雙邊，單黑魚尾。《內篇》框高
16.3 厘米，寬 11.3 厘米；《外篇》框高 16.9 厘米，寬 11.4 厘米。鈐"昌平王氏北堂藏書"印
記。索書號 YPT2-83。

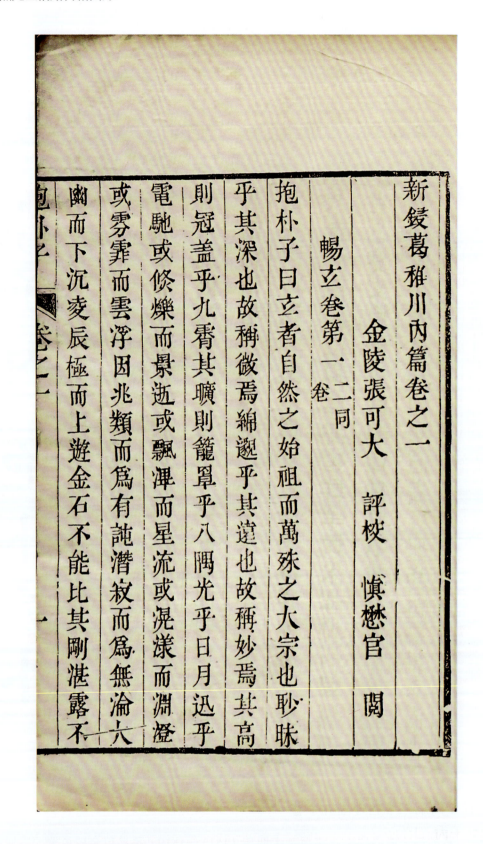

133 新鍥葛稚川內篇四卷外篇四卷（外篇缺第四卷）

（晉）葛洪撰（清）顧曾壽校並題跋。清嘉慶栢筠堂刻本。7 冊。半葉九行二十字，白口，左右雙邊，單黑魚尾。框高 19.4 厘米，寬 14.3 厘米。索書號 YPT13-85。

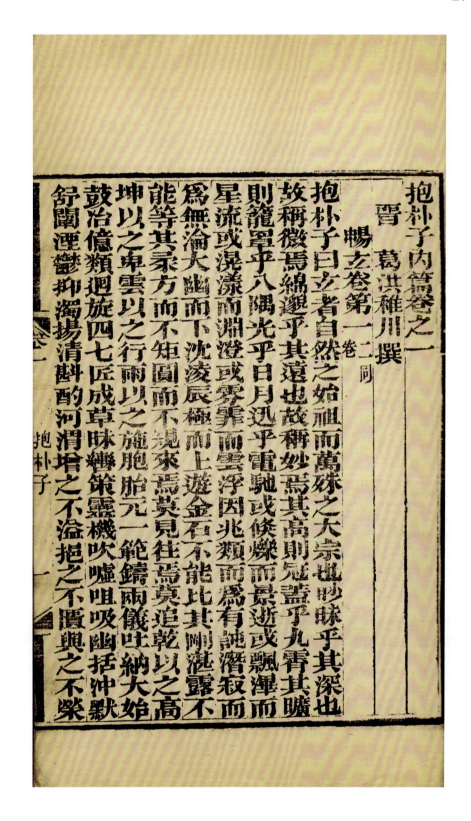

134 抱朴子内篇四卷外篇四卷

　　（晉）葛洪撰。清光緒元年（1875）湖北崇文書局刻《子書百家》本。4冊。半葉十二行二十四字，黑口，四周雙邊，雙黑魚尾。框高19厘米，寬14.7厘米。購於北京市中國書店，定價貳元，有價簽。索書號YPT8-7。

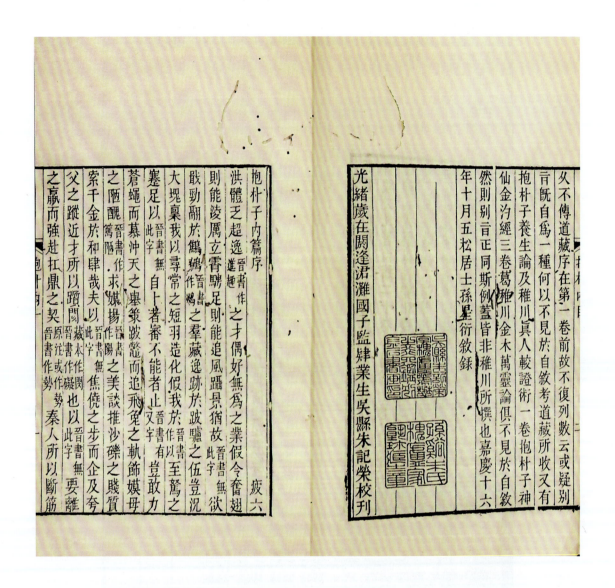

135 抱朴子内篇二十卷外篇五十卷附篇十卷

（晉）葛洪撰，附篇（清）繼昌輯。清光緒十一年（1885）朱氏槐廬家塾重刻《平津館叢書》本。6冊。半葉十一行二十字，白口，左右雙邊，單黑魚尾。框高16厘米，寬11.2厘米。索書號YPT13-86。

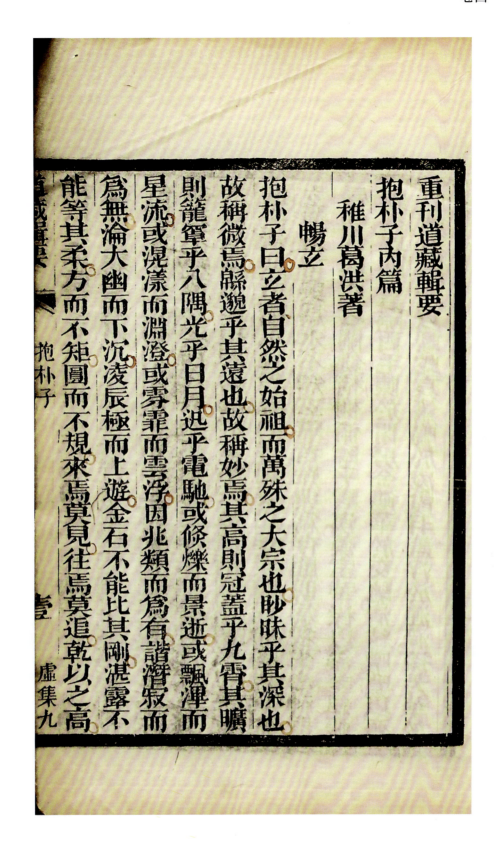

136 抱朴子不分卷

　　（晉）葛洪撰。清光緒三十二年（1906）成都二仙庵刻《重刊道藏輯要》本。1 册。半葉十行二十四字，白口，左右雙邊，單黑魚尾。框高 20 厘米，寬 15.1 厘米。索書號 YPT8-6。

卷五　集部

楚辭類

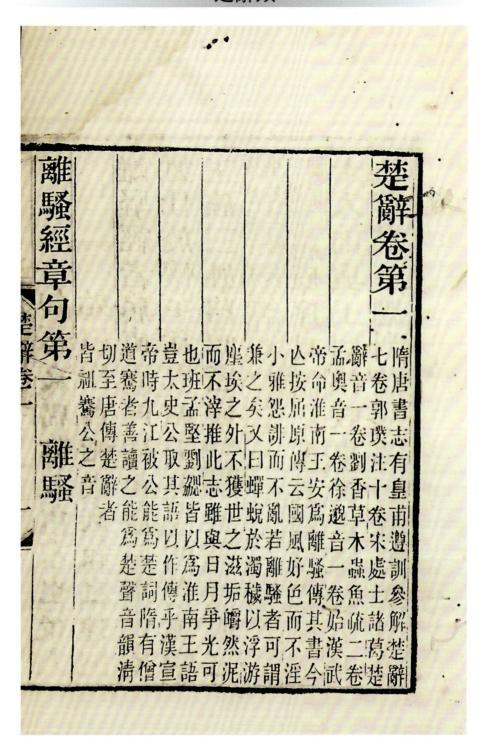

137 楚辭十七卷

（漢）劉向編，王逸章句，（宋）洪興祖補注。清同治十一年（1872）金陵書局重刻汲古閣本。4 冊。半葉九行十五字，小字雙行二十字，白口，左右雙邊，雙黑魚尾。框高 17.4 厘米，寬 13.3 厘米。索書號 YP13-46。

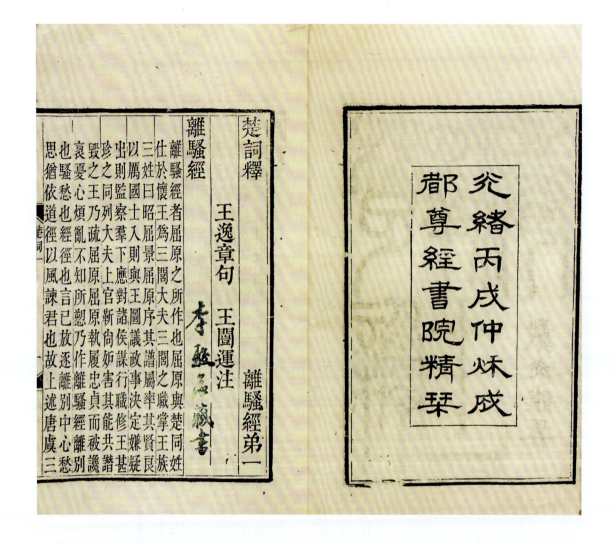

138 楚詞釋十一卷

（清）王闓運注。清光緒十二年（1886）成都尊經書院刻本。2 册。半葉八行十七字，白口，四周雙邊，雙黑魚尾。框高 19.9 厘米，寬 13.4 厘米。索書號 YP13-22。

別集類

漢魏六朝別集之屬

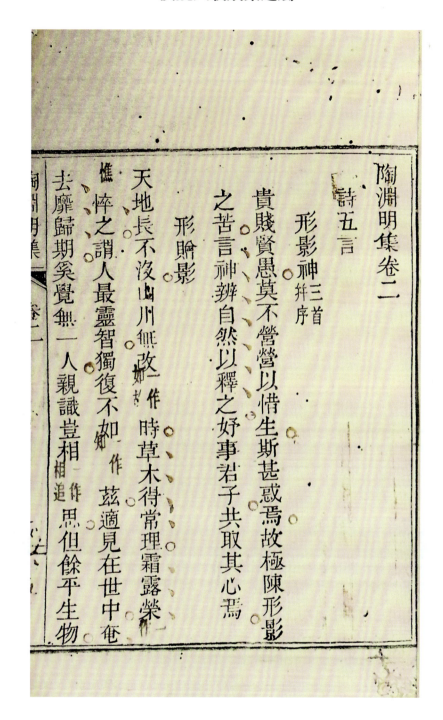

139 陶淵明集八卷首一卷末一卷

（晉）陶潛撰。清末木活字四色套印本。4冊。半葉九行二十一字，白口，四周雙邊，單魚尾。框高 18.1 厘米，寬 14.6 厘米。扉頁手繪陶淵明像一幅，署"辛丑秋雅琴氏訂於蓉城旅舍"。索書號 YS1-55Z。

辛丑秋雅琹氏訂於蓉城旅舍

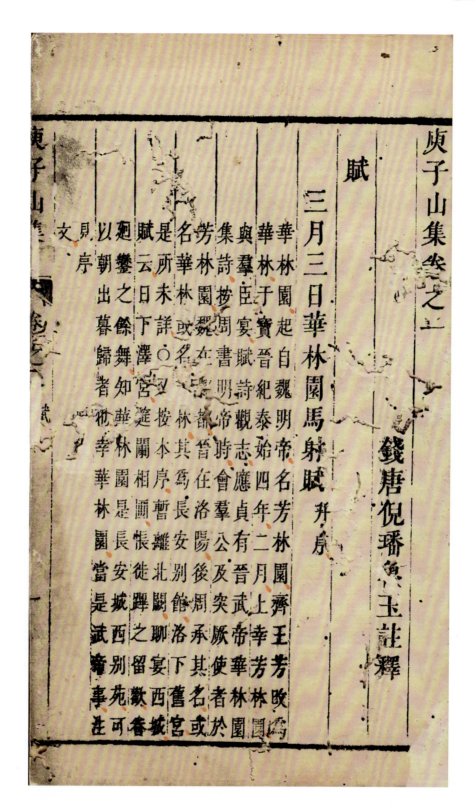

140 庚子山集十六卷年譜一卷總釋一卷

（北周）庾信撰（清）倪璠注。清康熙二十六年（1687）錢唐崇岫堂刻後印本。12 冊。半葉十行二十字，白口，左右雙邊，單黑魚尾。框高 20.3 厘米，寬 14.3 厘米。索書號 YS1-39。

唐別集之屬

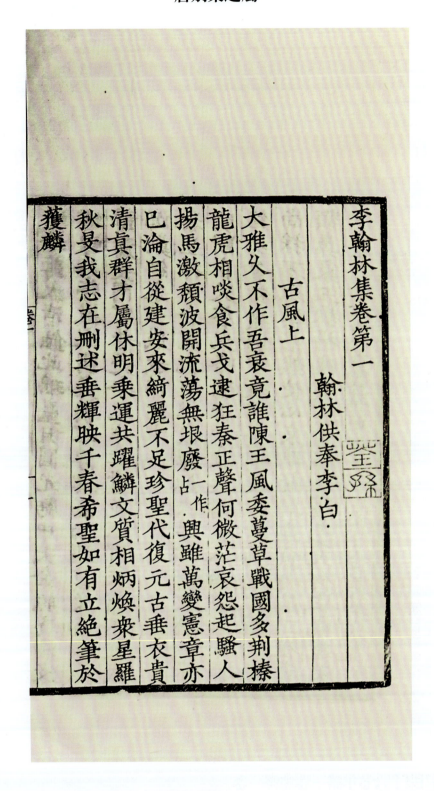

141 李翰林集三十卷（缺第十三至十七卷）

（唐）李白撰。清光緒三十二年（1906）西泠印社影宋刻本（黃岡陶子麟刻）。5 册。半葉十行二十字，白口，四周單邊。框高 18 厘米，寬 13.8 厘米。索書號 YS1-7。

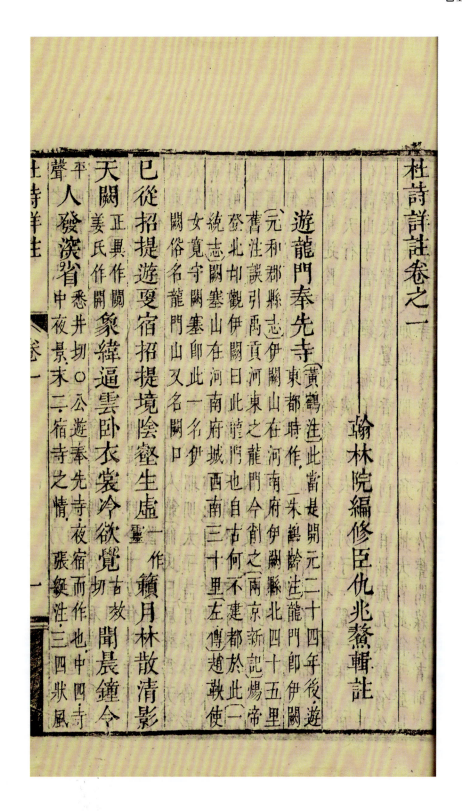

142 杜詩詳注二十五卷首一卷附編二卷

　　（唐）杜甫撰（清）仇兆鼇輯注。清康熙芸生堂刻本。16 冊。半葉十行二十二字，上白口，下黑口，左右雙邊，單黑魚尾。框高 19.7 厘米，寬 14.6 厘米。內封鈐"芸生堂藏""張"印記。索書號 YS13-12。

呈進

原

本

史官仇兆鰲誦習

杜少陵全

集詳註

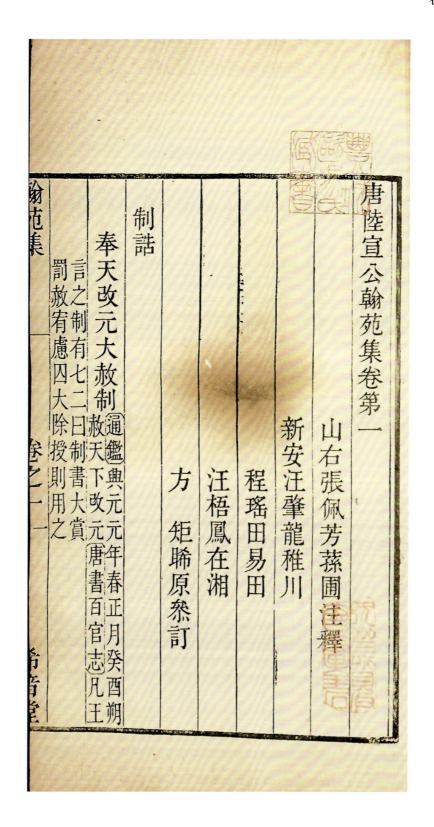

143 唐陸宣公翰苑集二十四卷

　　（唐）陸贄撰（清）張佩芳注。清乾隆三十三年（1768）希音堂刻本。6册。半葉九行二十一字，白口，左右雙邊。框高18.4厘米，寬12.5厘米。鈐"阮齋所得書畫金石""豐城歐陽氏藏書""曾歸徐氏彊諆"印記。索書號YS8-51。

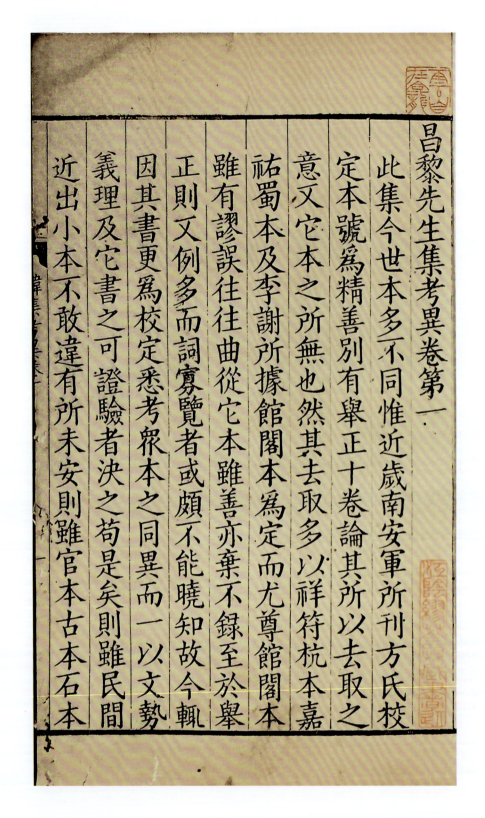

144 昌黎先生集考異十卷

（宋）朱熹撰。清康熙四十七年（1708）李光地刻本。5 册。半葉十行二十字，白口，左右雙邊，單黑魚尾。框高 20.8 厘米，寬 14.8 厘米。鈐“江陰繆荃孫藏書處”“雲自在龕”印記。索書號 YS2-71。

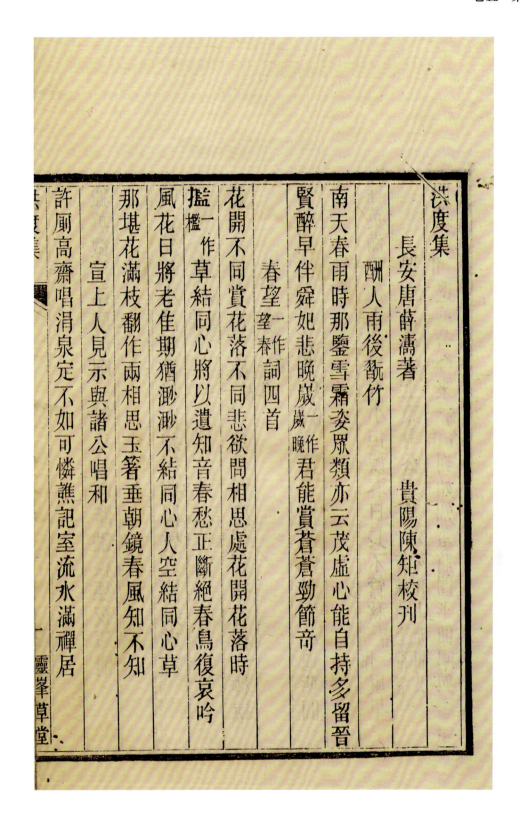

145 洪度集一卷

（唐）薛濤撰。清光緒三十二年（1906）貴陽陳氏刻《靈峰草堂叢書》本。1冊。半葉十二行二十三字，白口，四周雙邊，單黑魚尾。框高17.4厘米，寬13.5厘米。鈐"楊明照印"印記。索書號YP13-141。

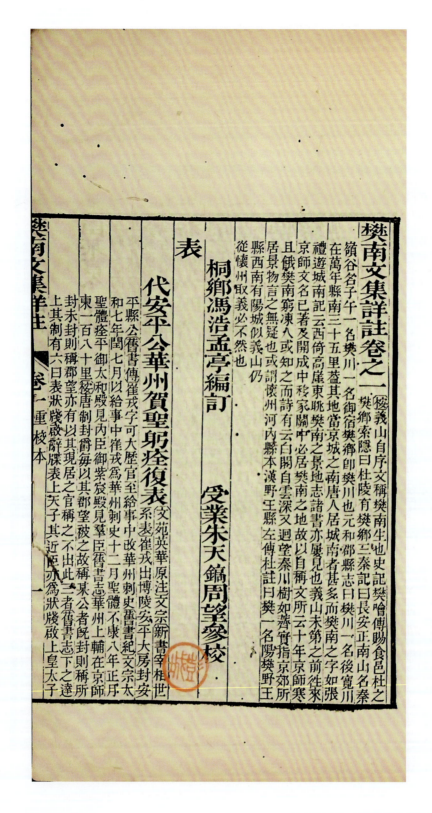

146 樊南文集詳注八卷

（唐）李商隱撰（清）馮浩編訂。清乾隆四十五年（1780）德聚堂刻同治七年（1868）桐鄉馮氏重修本。4册。半葉十一行二十五字，小字雙行三十三字，白口，左右雙邊，單黑魚尾。框高 19 厘米，寬 14.4 厘米。鈐“彭城”印記。索書號 YS1-38。

總集類

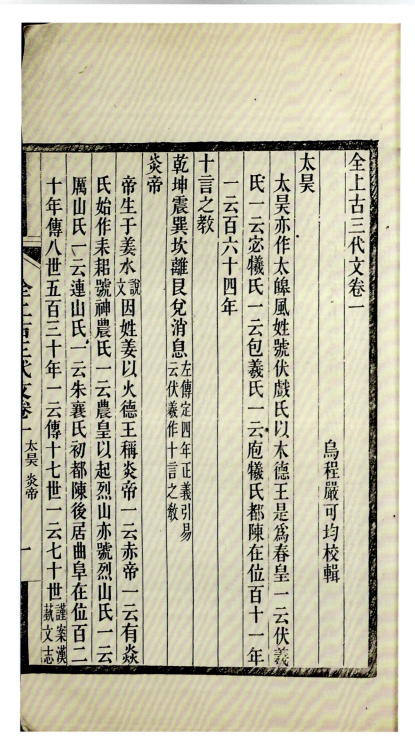

147 全上古三代秦漢三國六朝文七百四十六卷

　　（清）嚴可均輯。清光緒十三年至十九年（1887—1893）廣州廣雅書局刻本。100冊。半葉十三行二十五字，黑口，四周單邊，單黑魚尾。框高17.6厘米，寬13.4厘米。索書號YP1-35。

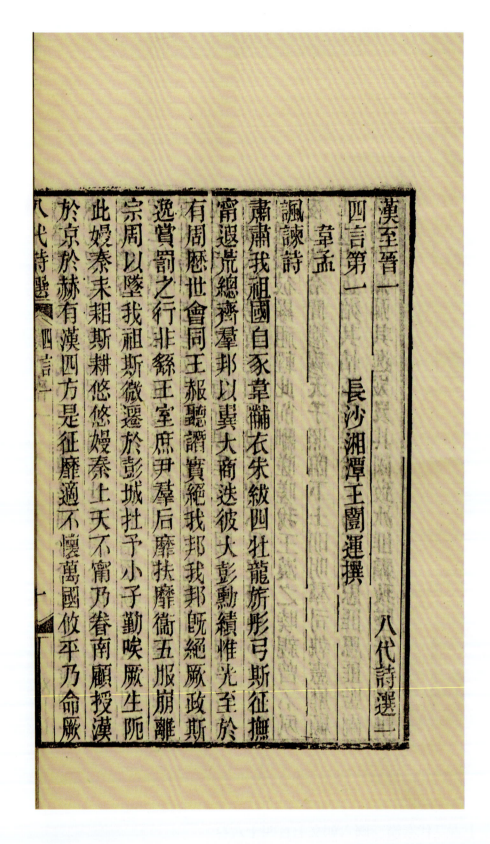

148 八代詩選二十卷

　　（清）王闓運輯。清光緒七年（1881）成都尊經書院刻本。6册。半葉十一行二十一字，上白口，下黑口，左右雙邊，雙黑魚尾。框高 17 厘米，寬 11.7 厘米。索書號 YP13-124。

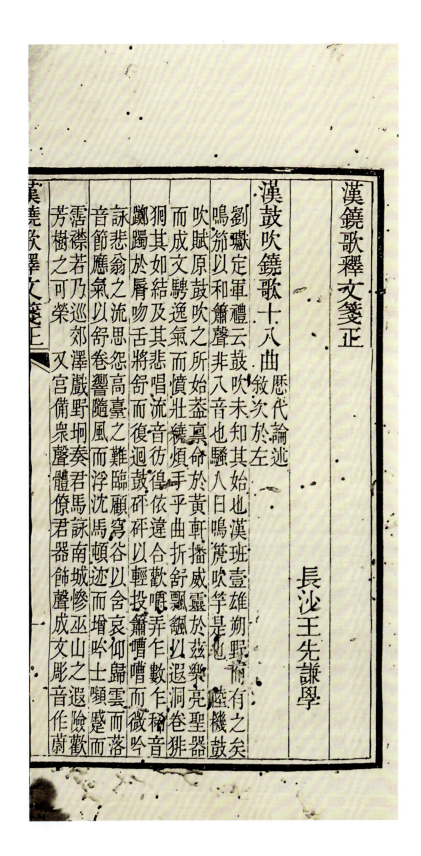

漢鐃歌釋文箋正

長沙王先謙學

漢鼓吹鐃歌十八曲　歷代論述敍次於左

劉瓛定軍禮云鼓吹未知其始也漢班壹雄朔野而有之矣
鳴笳以和簫聲非八音也騷人曰鳴篪吹竽是也蔭機鼓
吹賦原鼓吹之所始蓋塞壒命於黃軒播威靈於茲樂亮於
而成文驍氣而憤壯音煩鐃手乎曲折舒飄颻以遐洞卷狰
狪其如結及其悲唱流音彷徨鼓砰砰以輕投籲簫嘈嘈而
蹢躅於脣吻舌將舒而復迴鼓砰砰以輕投籲簫嘈嘈而微
音節應氣以舒卷響隨風而浮沈馬頓迹而增吟士頻蹙而
詠悲翁之流思怨高臺之難臨顧窮谷以舍哀仰歸雲而落
霑襟若乃巡郊澤戲野坰奏君馬詠南城慘巫山之遐險歡
芳樹之可榮又宮備衆聲體儠君器飾聲成文彤音作蔚

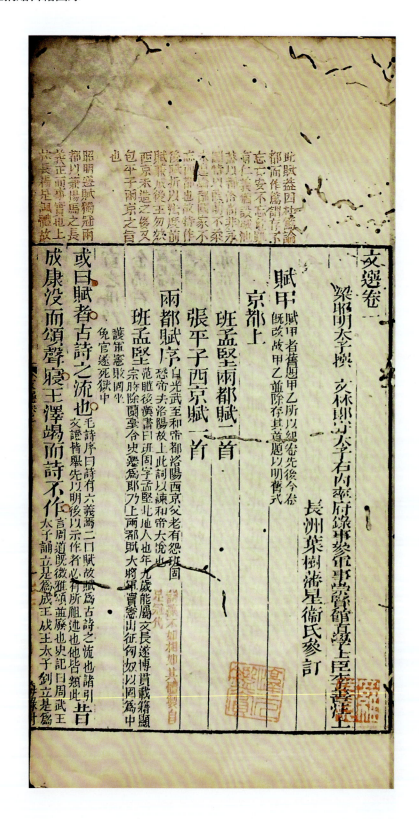

150 文選六十卷

（南朝梁）蕭統編（唐）李善注（清）何焯評。清末廣州翰墨園重刻海録軒朱墨套印本。11 册。半葉十二行二十五字，白口，左右雙邊，單黑魚尾。框高 19.3 厘米，寬 14.8 厘米。鈐"羅翼""惇元鑑賞""曾經我閲"印記，封面朱筆手書"蘊華羅翼"。索書號 YST 8-52。

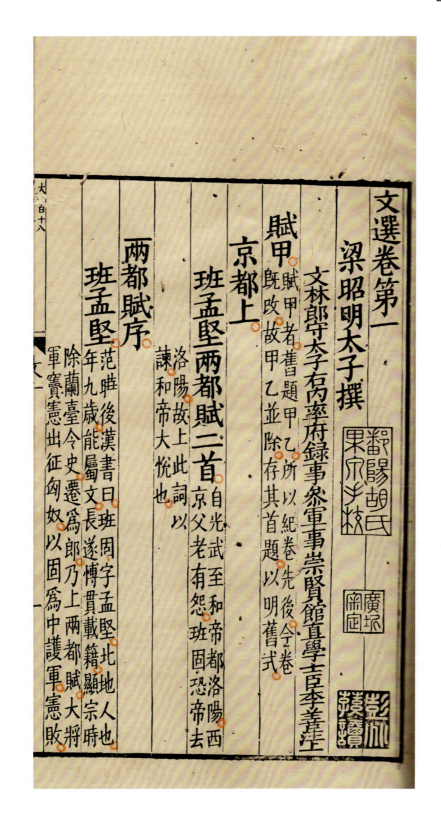

151 文選六十卷考異十卷

　　（南朝梁）蕭統編（唐）李善注（清）胡克家考異。清同治八年（1869）尋陽萬氏重刻嘉慶十四年鄱陽胡氏仿宋刻本。24 册。半葉十行二十一字，白口，左右雙邊，單黑魚尾。框高 20.4 厘米，寬 13.5 厘米。索書號 YPT2-97。

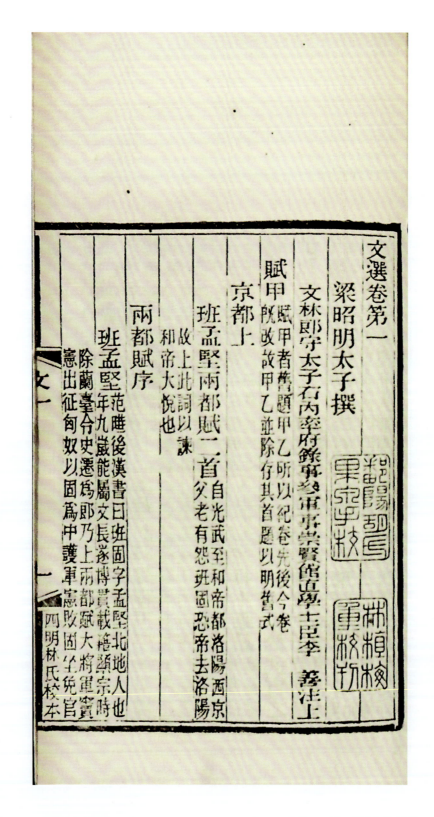

152 文選六十卷考異十卷

（南朝梁）蕭統編（唐）李善注（清）胡克家考異。清光緒六年（1880）四明林氏刻本。20 冊。半葉十行二十二字，黑口，四周雙邊，雙黑魚尾。框高 12 厘米，寬 9 厘米。鈐"忠恕堂守藏印""天放閣""千里珍藏""東湖泰氏"等印記。索書號 YPT3-56。

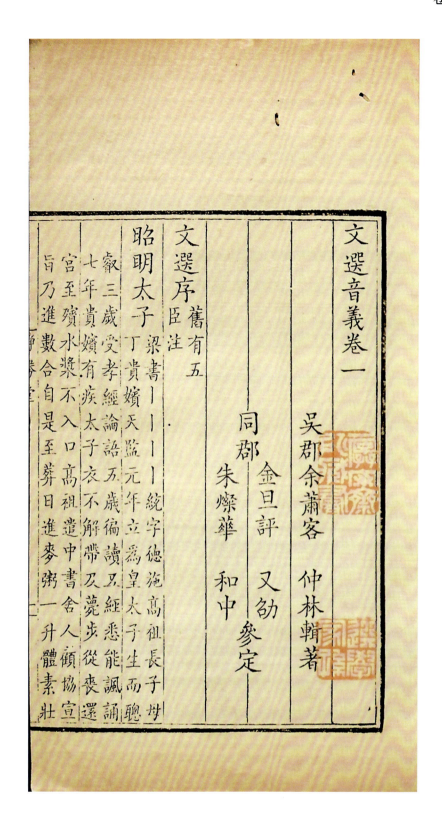

153 文選音義八卷

（清）余蕭客撰。清乾隆二十三年（1758）靜勝堂刻本。4 册。半葉八行十九字，白口，四周雙邊。框高 17 厘米，寬 12 厘米。鈐"選學家孫""屛守齋所藏書"印記。索書號 YST2-94。

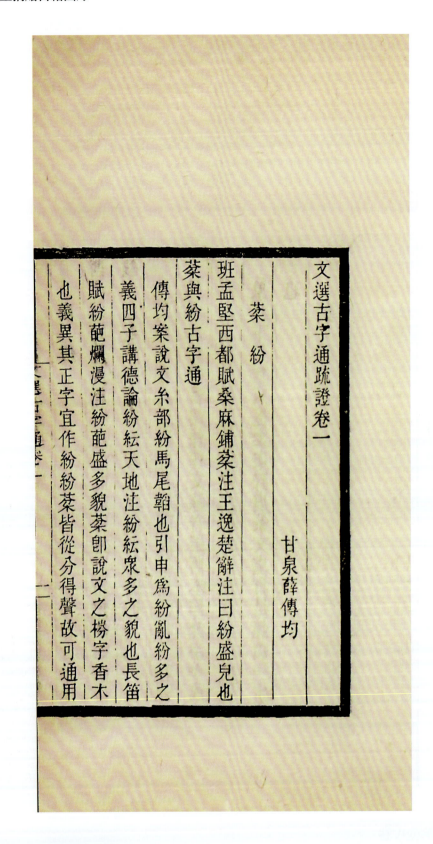

154 文選古字通疏證六卷

（清）薛傳均撰。清道光二十年（1840）迪志齋刻本。1册。半葉九行二十一字，黑口，四周單邊。框高13.9厘米，寬9.7厘米。索書號YPT13-49。

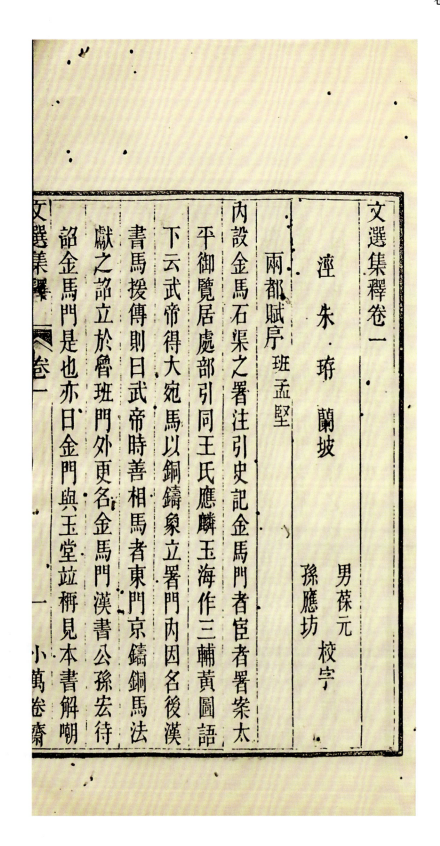

155 文選集釋二十四卷

（清）朱珔撰。清光緒元年（1875）涇川朱氏梅村家塾刻本。12 冊。半葉十行二十一字，白口，四周雙邊，單黑魚尾。框高 18.9 厘米，寬 12.8 厘米。索書號 YPT1-53。

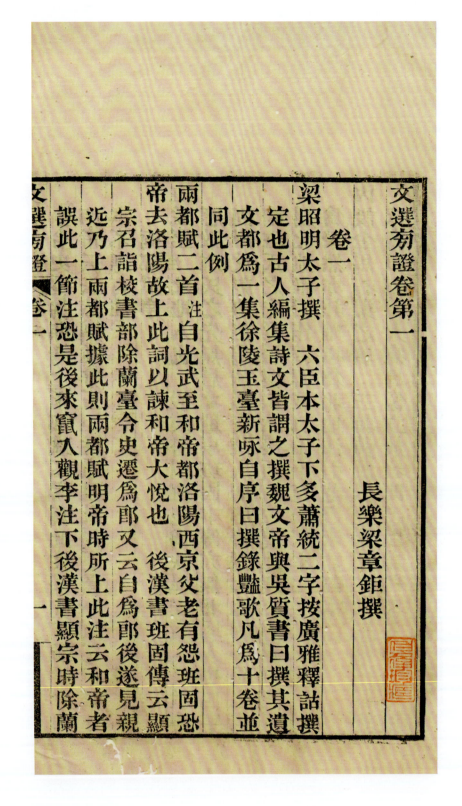

156 文選旁證四十六卷

　　（清）梁章鉅撰。清光緒八年（1882）刻本。12 册。半葉十二行二十四字，上白口，下黑口，左右雙邊，單黑魚尾。框高 20.4 厘米，寬 14.8 厘米。鈐"白後珍藏""高白後收藏印""伯厚鑑藏金石書畫印"印記。索書號 YPT2-98。

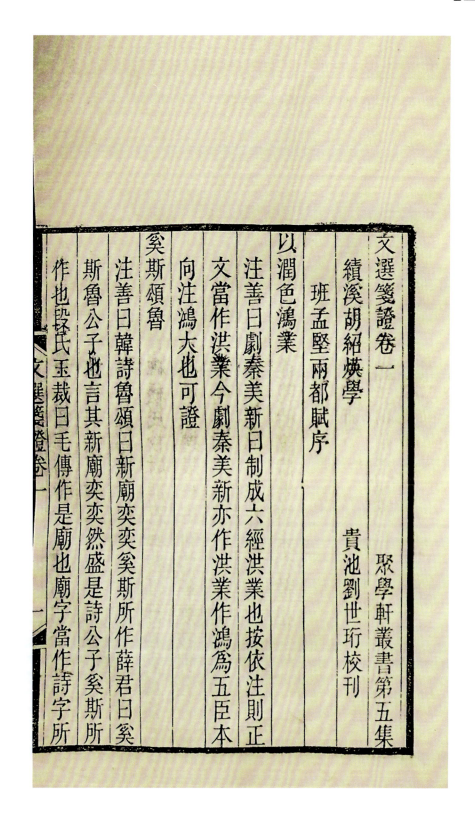

157 文選箋證三十二卷

　　（清）胡紹煐撰。清光緒間貴池劉世珩刻《聚學軒叢書》本。8 冊。半葉十一行二十一字，黑口，左右雙邊，雙黑魚尾。框高 16.2 厘米，寬 12.2 厘米。1958 年 3 月 1 日購於成都集古書局，壹拾叁元，有發票。索書號 YPT13-115。

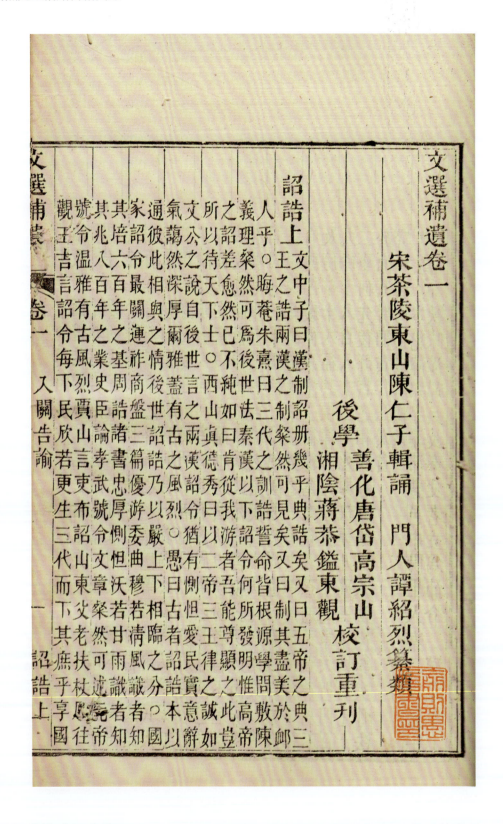

158 文選補遺四十卷

（宋）陳仁子輯，譚紹烈纂。清道光二十五年（1845）湖南小琅嬛山館重刻本。12 冊。
半葉十一行二十四字，白口，四周雙邊，單黑魚尾。框高 19.4 厘米，寬 14.3 厘米。鈐"俞
則愚藏書印"。索書號 YP13-118。

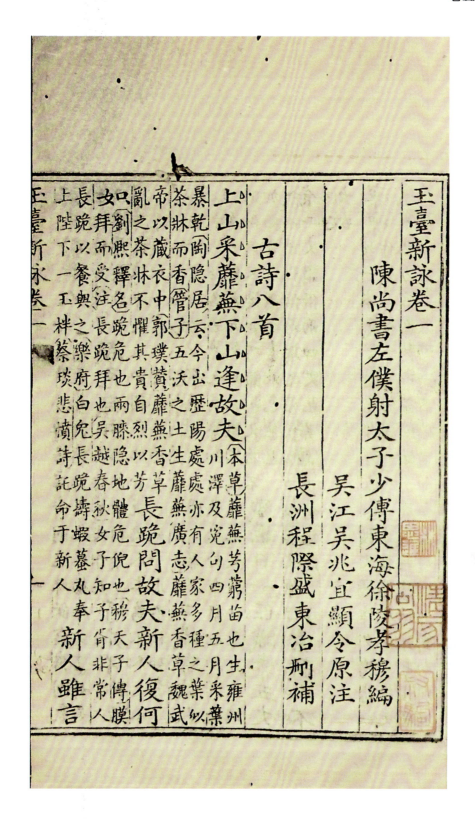

159 玉臺新詠十卷

（南朝陳）徐陵輯（清）吳兆宜原注，程琰刪補。清乾隆三十九年（1774）刻本。4 册。
半葉十行二十一字，白口，四周雙邊，單黑魚尾。框高 17.5 厘米，寬 13.3 厘米。鈐"叔
驃""清家翁""林思進""華陽林氏清寂堂藏"印記。索書號 YS2-10。

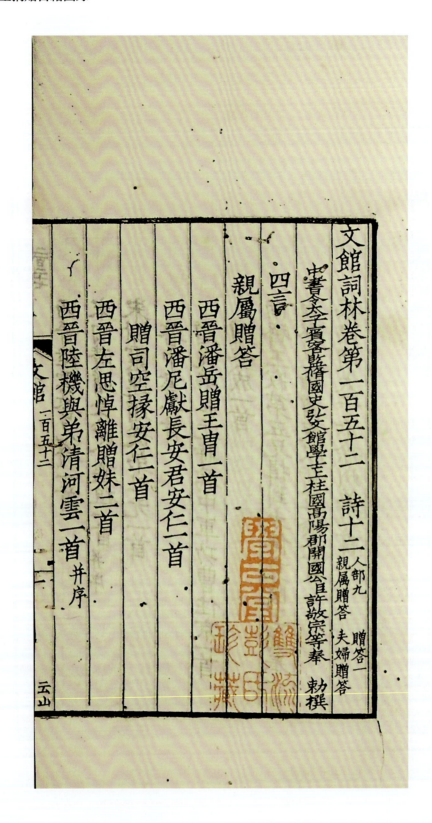

160 文館詞林一千卷（殘存六卷）

　　（唐）許敬宗等輯。清光緒十九年（1893）宜都楊氏景蘇園刻本。2 冊。半葉九行十九至二十字，白口，左右雙邊，單黑魚尾。框高 16.3 厘米，寬 11.5 厘米。鈐"雙流彭氏珍藏""學古堂"印記。索書號 YP2-88。

論辨類一

賈生過秦論三首。。。

秦孝公據殽函之固擁雍州之地君臣固守以窺周室有席卷天下包舉宇內囊括四海之意并吞八荒之心當是時商君佐之內立法度務耕織修守戰之備外連衡而鬬諸侯於是秦人拱手而取西河之外孝公既沒惠王武王蒙故業因遺册南兼漢中西舉巴蜀東割膏腴之地收要害之郡諸侯恐懼會盟而謀弱秦不愛珍器重寶肥美之地以致天下之士合從締交相與為一當是時齊有孟嘗趙有平原楚有春申魏有信陵此四君者皆明知而忠信寬厚而愛人尊賢重士約從離橫并韓魏燕楚齊趙宋衛中山之眾於是六國之士有甯越徐尚蘇秦杜赫之屬為之謀齊明周最陳軫昭滑樓緩翟景蘇厲樂毅之徒通其意吳起孫臏帶佗兒

古文辭類纂卷一

161 古文辭類纂七十五卷

（清）姚鼐編。清光緒二十七年（1901）滁州李氏求要堂刻本。12 冊。半葉十二行二十五字，白口，左右雙邊，單黑魚尾。框高 20.3 厘米，寬 15 厘米。索書號 YP1-47。

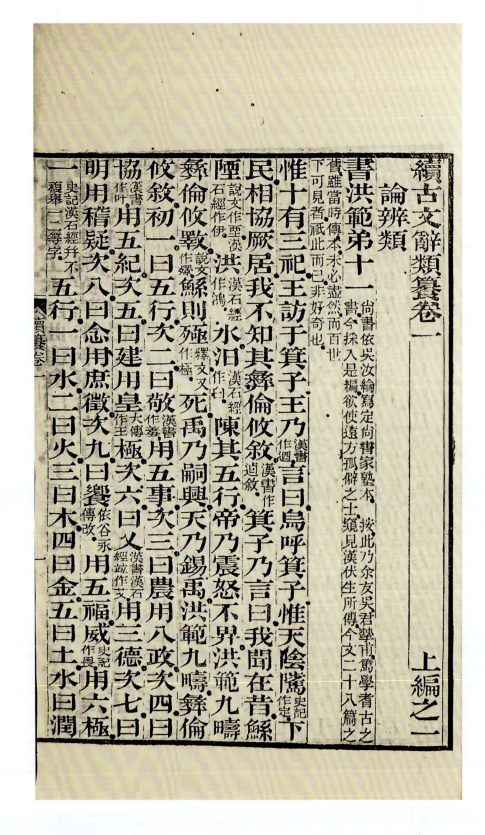

162 續古文辭類纂二十八卷

（清）黎庶昌編。清光緒二十一年（1895）金陵狀元閣刻本。12 册。半葉十二行二十五字，白口，左右雙邊，單黑魚尾。框高 20.8 厘米，寬 15.2 厘米。索書號 YP1-46。

詩文評類

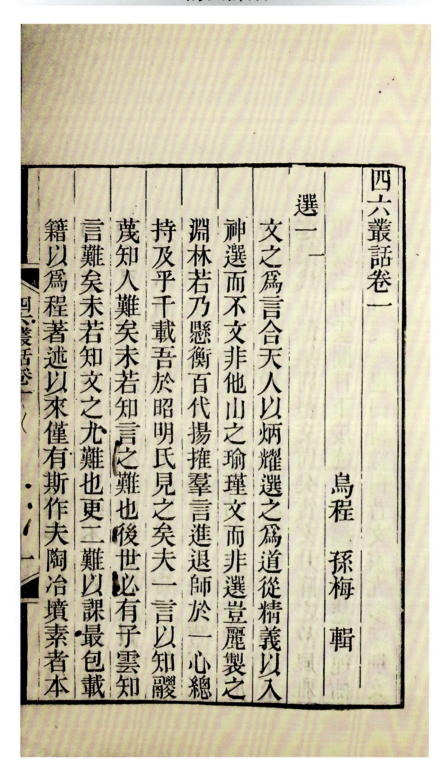

163 四六叢話三十三卷選詩叢話一卷

（清）孫梅輯。清光緒七年（1881）吳下重刻本。12 冊。半葉十行二十一字，黑口，左右雙邊，雙黑魚尾。框高 18.6 厘米，寬 13.7 厘米。索書號 YP8-12。

卷六　叢書

雜纂類

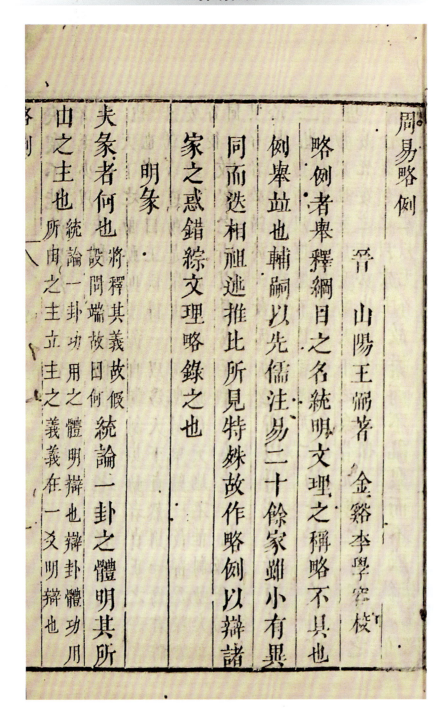

164 增訂漢魏叢書八十六種（存《周易略例》《古三墳》《神仙傳》《詩品》《書品》《尤射》《別國洞冥記》《枕中書》《佛國記》《三輔黃圖》《星經》《荆楚歲時記》等十二種）

（清）王謨輯。清乾隆五十六年（1791）金谿王氏刻本。5 冊。半葉九行二十字，白口，左右雙邊，白魚尾。框高 19.6 厘米，寬 14.3 厘米。索書號 YS1-40。

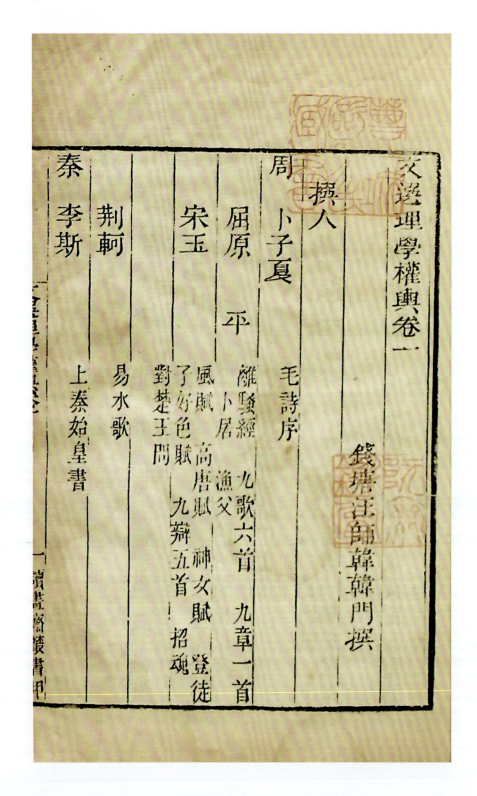

165 讀畫齋叢書甲集四種(《文選理學權輿》《文選理學權輿補》《文選考異》《文選李注補正》)

（清）顧修輯。清嘉慶四年（1799）桐川顧氏刻本。8 册。半葉九行二十一字，白口，左右雙邊。框高 12.9 厘米，寬 9.6 厘米。鈐"阮齋鑑賞""豐城歐陽氏藏書"印記。索書號 YPT8-84。

166 湖海樓叢書十二種（存《潛夫論》《學林》《會稽三賦》《訂偽雜録》《卮林》《孟子雜記》《論語類考》等七種）

　　（清）陳春輯。清嘉慶十四年至二十四年（1809—1819）蕭山陳氏湖海樓刻本。23 冊。半葉十行二十字，黑口，左右雙邊。框高 17.2 厘米，寬 13.3 厘米。索書號 YP13-8。

167 平津館叢書三十八種（存《譙周古史考》《建立伏博士始末》《續古文苑》三種）

（清）孫星衍輯。清光緒十一年（1885）吳縣朱氏槐廬家塾重刻本。7 册。半葉十一行二十字，白口，左右雙邊，單黑魚尾。框高 16.1 厘米，寬 11.2 厘米。鈐"江油張氏珍藏圖書"印記。《續古文苑》6 册定價壹元，有價簽。索書號 YP13-28。

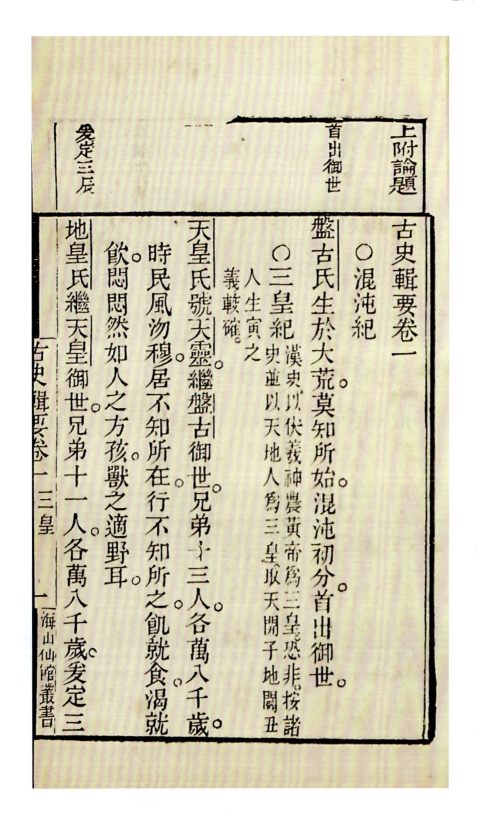

168 海山仙館叢書五十六種（存《古史輯要》《高僧傳》二種）

（清）潘仕成輯。《古史輯要》清道光二十五年（1845）刻本，《高僧傳》清道光二十七年（1847）刻本。7冊。半葉九行二十一字，黑口，左右雙邊。框高12.3厘米，寬9.6厘米。鈐"漢南康氏珍藏"印記。索書號 YP13-73。

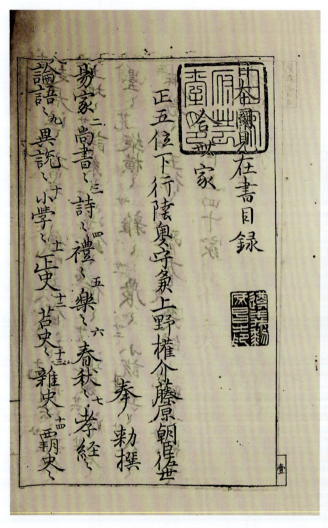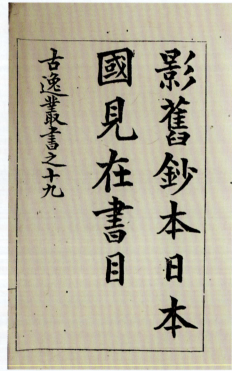

169 古逸叢書二十六種（存《影舊抄本日本國見在書目》《玉燭寶典》二種）

　　（清）黎庶昌輯。清光緒八年至十年（1882—1884）黎庶昌日本東京使署影刻後印本。
3 册。框高 24.5 厘米，寬 15.3 厘米。索書號 YP2-86。

170 心矩齋叢書八種（存《鐵橋漫稿》《札樸》二種）

（清）蔣鳳藻輯。《鐵橋漫稿》清光緒十一年（1885）長洲蔣氏刻本，《札樸》光緒九年（1883）刻本。10 冊。半葉十一行二十一字，黑口，左右雙邊，雙黑魚尾。框高 16.2 厘米，寬 11.7 厘米。索書號 YP2-11。

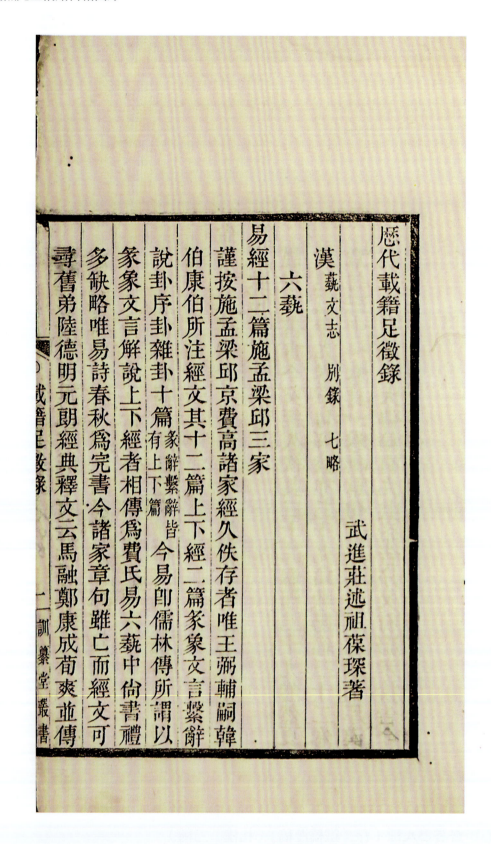

171 訓纂堂叢書六種（存《意林逸文補》《歷代載籍足徵録》《補晉兵志》三種）

（清）楊調元輯。清光緒四年（1878）貴筑楊氏刻本。1冊。半葉十一行二十三字，黑口，左右雙邊，單黑魚尾。框高17厘米，寬12.5厘米。索書號YP13-164。

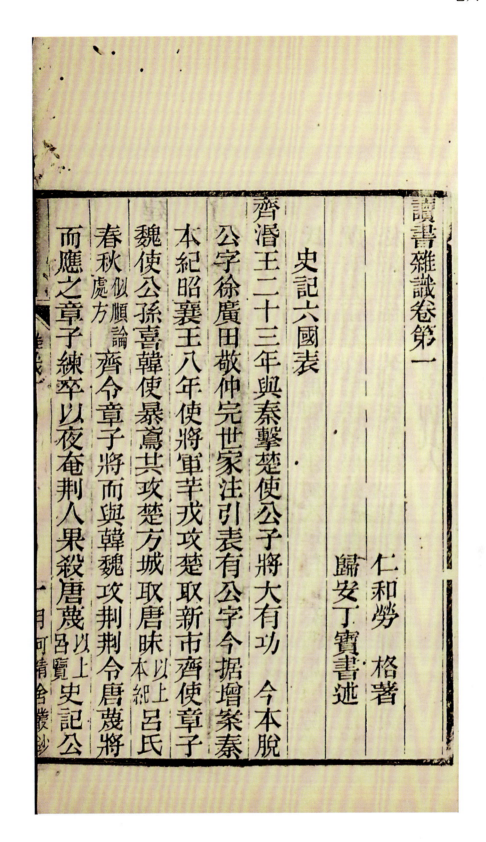

172 月河精舍叢鈔五種（存《安定言行録》《御史精舍題名考》《讀書雜識》三種）

（清）丁寶書輯。清光緒六年（1880）吳興丁氏刊本。8 冊。半葉十行二十二字，上黑口，下白口，左右雙邊，單黑魚尾。框高 17.6 厘米，寬 13.2 厘米。索書號 YP2-26。

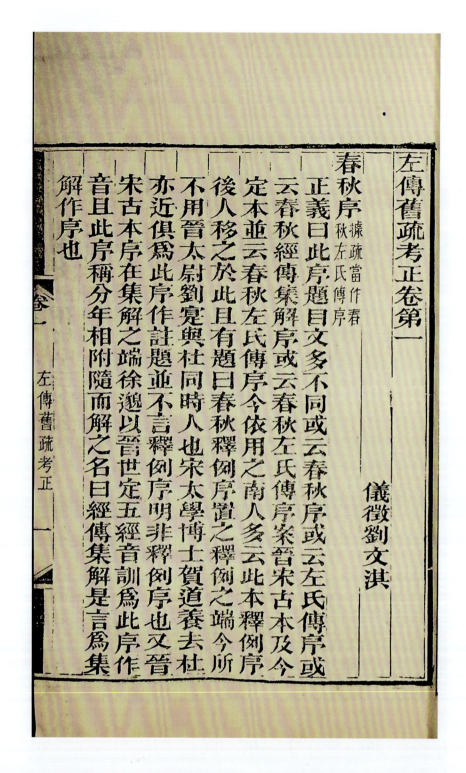

173 崇文書局彙刻書（存《周書集訓校釋》《左傳舊疏考正》《刊謬正俗》《九經三傳沿革例》《隋經籍志考正》《高士傳》《楚辭集注、辯證》等七種）

（清）崇文書局輯。清光緒元年至三年（1875—1877）湖北崇文書局刻本。16 冊。半葉十二行二十四字，粗黑口，四周雙邊，雙黑魚尾。框高 19.5 厘米，寬 14.9 厘米。鈐"新絲康培鵠讀書記"等印記。1959 年於成都市西城區古舊書店購《楚辭辯證》1 冊，叁角，有發票。索書號 YP2-35。

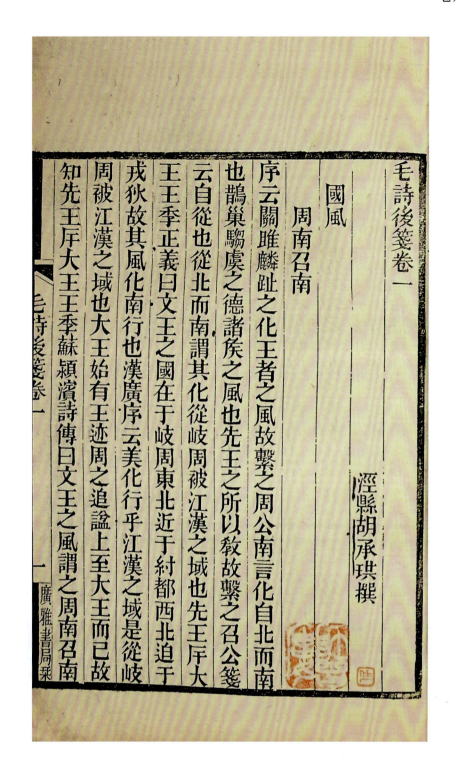

174 廣雅書局叢書（存《毛詩傳箋通釋》《毛詩後箋》《陳司業遺書》《史記志疑》《史記注補正》《後漢書辨疑》《續漢書辨疑》《三國志辨疑》《三國志注證補》《三國藝文志》等十種）

（清）廣雅書局輯。清光緒間廣雅書局刻本。52冊。半葉十一行二十四字，黑口，四周單邊，單黑魚尾。框高20.7厘米，寬15.4厘米。鈐"師曾廔""任庵"等印記。索書號YP2-85。

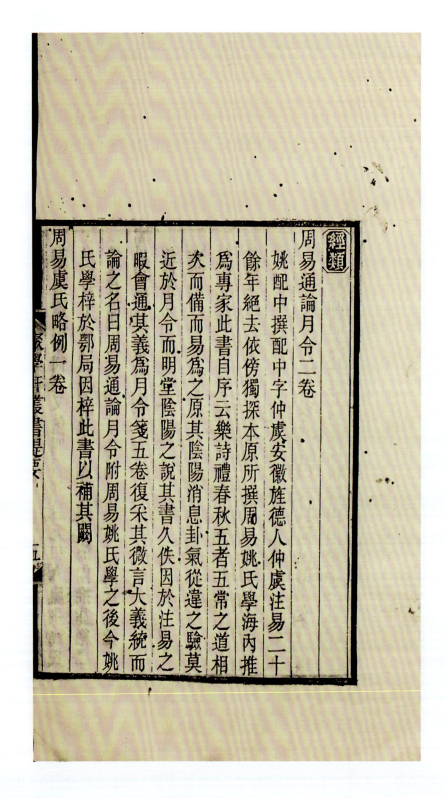

175 聚學軒叢書五集六十種（存總目提要、第一集《毛詩草木鳥獸蟲魚疏校正》《晉泰始笛律匡謬》二種）

（清）劉世珩輯。清光緒十九年至二十九年（1893—1903）貴池劉世珩刻本。1 册。半葉十一行二十一字，黑口，左右雙邊，雙黑魚尾。框高 16.5 厘米，寬 12 厘米。鈐"癸卯""石室藏書"印記。索書號 YP1-48。

輯佚類

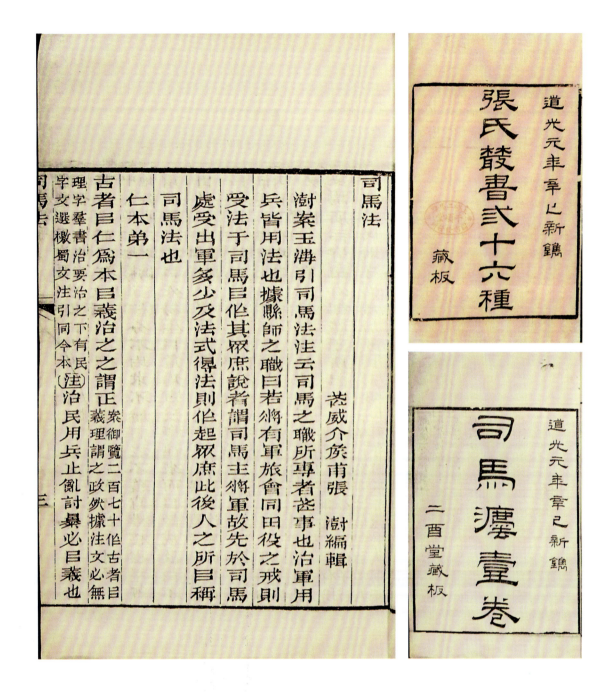

176 二酉堂叢書二十一種（存《司馬法》《世本》《三輔決録》《皇甫司農集》《周
生烈子》《漢皇德傳》《辛氏三秦記》《十三州志》《段著作涼州記》《陰常侍詩集》
《李尚書詩集》等十一種）

　　（清）張澍輯。清道光元年（1821）武威張氏二酉堂刻本。12冊。半葉十行二十四字，
白口，左右雙邊，單黑魚尾。框高16.9厘米，寬14.1厘米。鈐“上海二馬路千頃堂圖書發
行所”印記。索書號YP13-130。

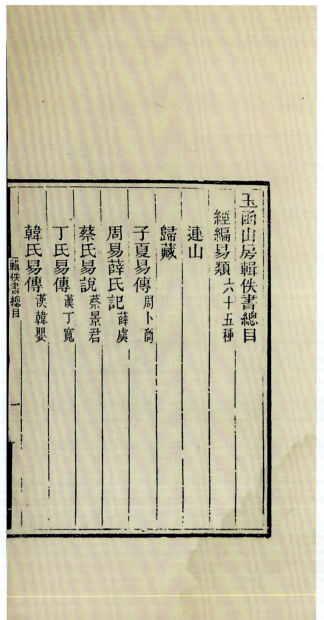

177 玉函山房輯佚書

　　（清）馬國翰輯。清光緒十年（1884）楚南書局刻光緒十八年（1892）湖南思賢書局重印本。120 册。半葉九行二十字，黑口，四周雙邊。框高 12.4 厘米，寬 9.4 厘米。索書號 YP3-47。

郡邑類

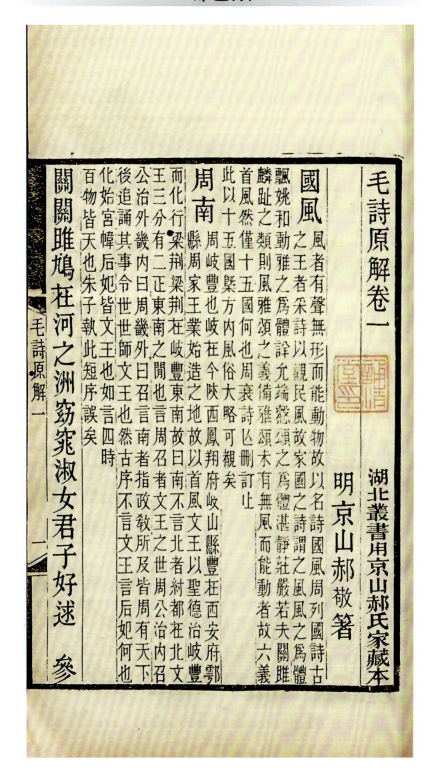

178 湖北叢書三十一種（存《毛詩原解》《四書逸箋》《孔子家語疏證》三種）

（清）趙尚輔輯。清光緒十七年（1891）三餘草堂刻本。15 冊。半葉十行十八字，黑口，四周單邊，雙黑魚尾。框高 16.3 厘米，寬 12 厘米。鈐"誦清堂印"印記。索書號 YP13-10。

獨撰類

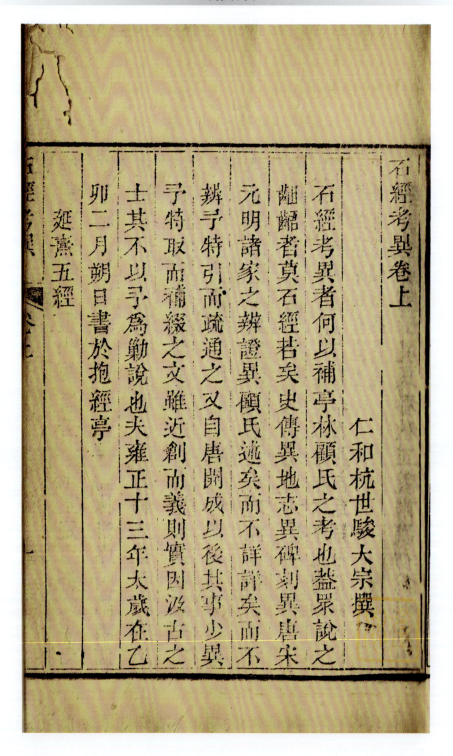

179 杭氏七種

（清）杭世駿撰。清咸豐元年（1851）長沙小嫏嬛山館刻本。4 冊。半葉十行二十字，白口，四周雙邊，單黑魚尾。框高 12.9 厘米，寬 10.1 厘米。鈐"重園"印記。定價柒角，有價簽。索書號 YP8-42。

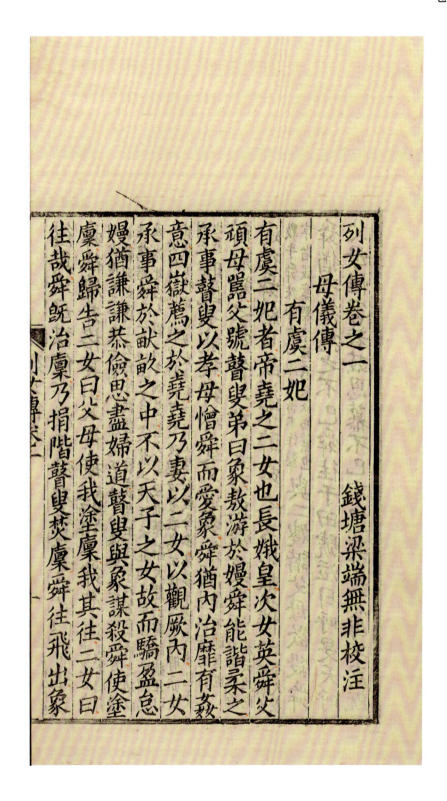

180 振綺堂遺書五種（存《列女傳》《國語校注本三種》二種）

　　（清）汪遠孫輯。清道光年間汪氏振綺堂刻本，《列女傳》刻於道光十七年（1837），《國語校注本三種》刻於道光二十六年（1846）。8 册。《列女傳》半葉十一行十八至十九字，《國語校注本三種》半葉十行二十一字，白口，左右雙邊，單黑魚尾。框高 16.8 厘米，寬 11.8 厘米。索書號 YP13-51。

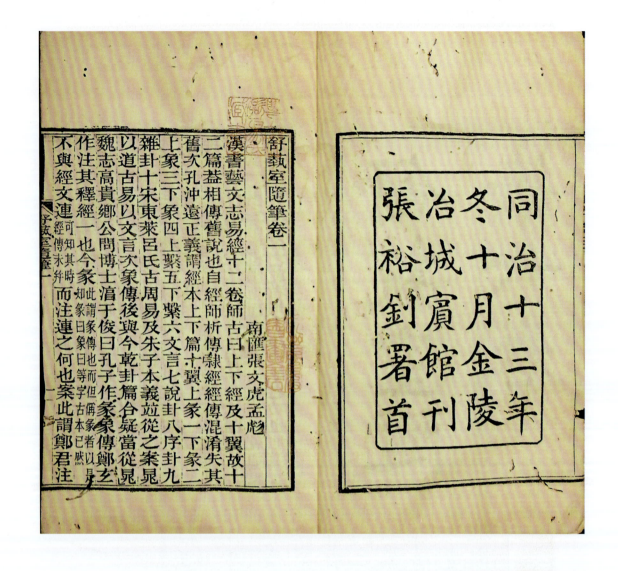

181 覆瓿集四種（存《舒藝室隨筆、續筆》《舒藝室雜著甲編、乙編》《舒藝室詩存》三種）

　　（清）張文虎撰。清同治十一年至光緒七年（1872—1881）刻彙印本。8册。半葉十一行二十一字，黑口，四周雙邊，單黑魚尾。框高 17.1 厘米，寬 12.3 厘米。鈐"阮齋所得書畫金石""豐城歐陽氏藏書"印記。索書號 YP2-114。

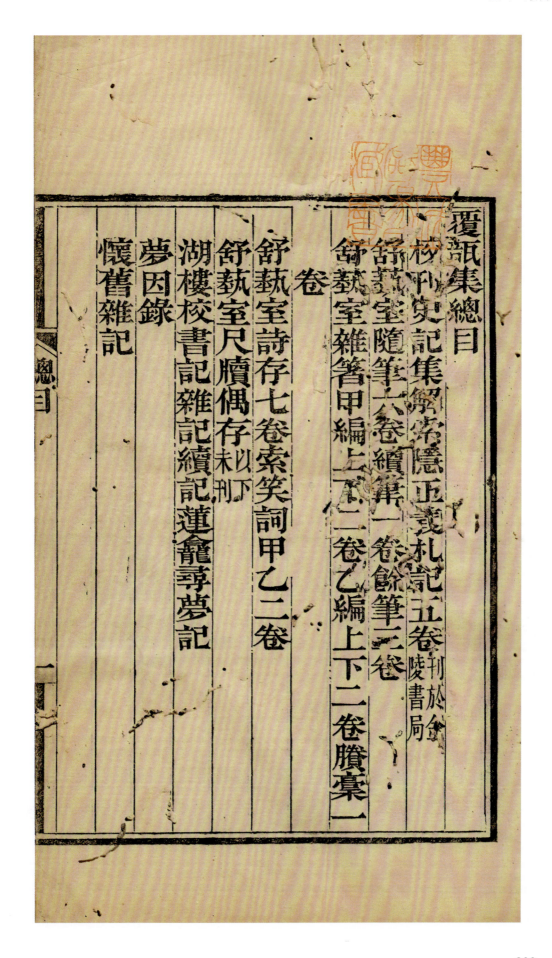

覆瓿集總目

校刊史記集解索隱正義札記五卷刊於金陵書局

舒藝室隨筆六卷續筆一卷餘筆三卷

舒藝室雜箸甲編上下二卷乙編上下二卷賸棄一卷

舒藝室詩存七卷索笑詞甲乙二卷

舒藝室尺牘偶存以下未刊

湖樓校書記雜記續記蓮龕尋夢記

夢因錄

懷舊雜記

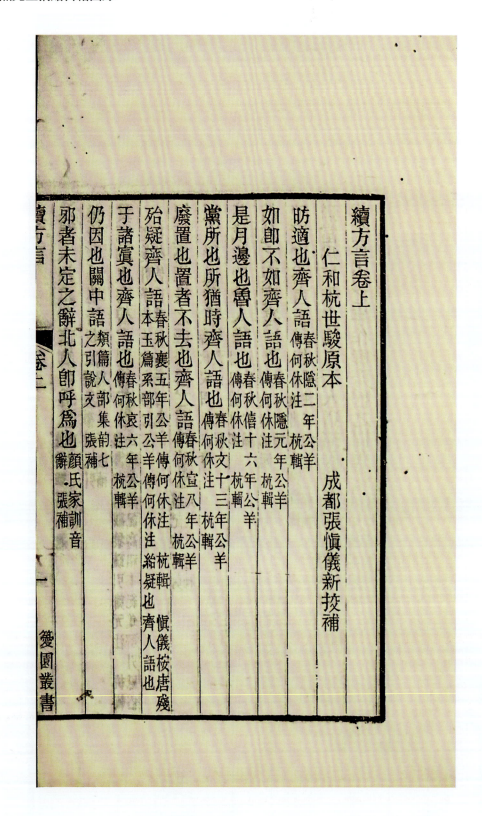

182 籛園叢書七种（存《續方言新校補》《方言别録》《蜀方言》三種）

（清）張慎儀撰。清光緒至民國間刻本。4册。半葉十一行二十五字，白口，左右雙邊，單黑魚尾。框高 18 厘米，寬 12.3 厘米。1954 年 3 月 14 日購於成都名欽書店，肆仟元，有發票。索書號 YP13-142。

· 210 ·